文學叢刊

紀弦著

年方九十

文史哲出版社印行

國家圖書館出版品預行編目資料

年方九十 / 紀弦著. -- 初版. --臺北市：文史哲, 民 97.06

頁： 公分. --（文學叢刊；202）

ISBN 978-957-549-796-5 (平裝)

851.486　　97010843

文學叢刊 202

年方九十

著　者：紀　弦

出版者：文史哲出版社

http://www.lapen.com.tw

登記證字號：行政院新聞局版臺業字五三三七號

發行人：彭正雄

發行所：文史哲出版社

印刷者：文史哲出版社

臺北市羅斯福路一段七十二巷四號

郵政劃撥帳號：一六一八〇一七五

電話886-2-23511028 · 傳真886-2-23965656

實價新臺幣三八〇元

中華民國九十七年（2008）六月初版

ISBN 978-957-549-796-5　　07202

《年方九十》自序

這本詩集，作為我的編年自選詩第十二部，早就編好了。一直放在案頭，等待瘂弦的序。可是他很忙，到現在還沒空執筆，而我的朋友吳慶學又在催我，要我快點寄給他去接洽出版事宜，弄得我不知怎樣才好。

今天早起，我把早就寫好了的《年方九十》後記和回答瘂弦的十二個問題看了一遍，覺得已經很滿意了，那就決定不去麻煩他了。

是為序。

二千零五年九月四日

目錄

二千零一年作品

二千零二年作品

二千零三年作品

二千零四年作品

二千零五年作品

二千零一年作品

在地球上散步

在這個第三號行星上散步，從一個洲到一個洲，從一個國到一個國，從一個城到一個城，看山，看水，看花，看樹，看那些動物；會跑，會跳，會爬，會走，會飛，會游泳，還有一些會唱歌，會跳舞的……多好玩啊，這世界！

瞧那 Mongoose 正在大戰響尾蛇。而一隻駝鳥卻把頭埋在砂土中。可憐那些剛出殼的小海龜，多半被老鷹吃掉。兩隻公鹿在打架，打了好半天，卻被一群餓狼發現。而在南極，那些企鵝，走起路來，人模人樣的。多有趣啊，這世界！

當然，也看那些人類，人類中的女人，例如瑪麗蓮夢露，的確是個尤物中之尤物。而那些女詩人，我給朱淑貞打的分數，比李清照高些。至於那些男生，沒有什麼看頭，因為我也是個大丈夫，彼此都差不多。

散步在這個第三號行星上，從二十世紀到二十一世紀，從小到老，把人生的滋味嘗盡。到如今，我背已微駝，兩撇短髭相當性感的已如霜，而頭頂上的光環也愈益暗淡了。但是站在太平洋邊，極目西望，引吭高歌，其音色之美，音量之洪，猶不減當年，人家說。因為我來此世，就是為詩而活著，亦將為詩而死去，此外，無他。

於是到有一天，當我的孫女 Linda Lu，以其美國律師身份，依照我的預立遺囑，把她爺爺火葬之後，我就可以對此奇蹟的地球及其荒涼的衛星說再見，回到宇宙深處，欣然出席藍袍金冠手持紅寶石權杖詩的大神之邀宴，在那四度空間至極華美不可思議的旋轉廳中，把我生平所寫詩千首當眾朗誦一遍，而博得全體在座古今中外男女詩人一致的喝采和如雷的掌聲。

米壽自壽

把個米字拆開，
不就是八十八了嗎？

是的，米壽。
我要節食、禁酒一天以自壽；
不切蛋糕，不吹蠟燭，
也不唱生日歌。

記得二次大戰期間，
那些沒有米的日子，
飢腸轆轆，炮聲隆隆，
多難受啊！

別糟蹋糧食，孩子們！
什麼叫做飢餓，
你們不懂。
我們是吃米的民族。
米萬歲！

蟑螂見證

——牠已經做過一次，希望牠別再做了！

太初，本來就無宇無宙，無有無無，亦無始無終，無動無靜。而上帝，在冥黑的真空中行走，沒有什麼好玩的，祂覺得很寂寞。

上帝說：「物質是好的。」於是就有了物質。那太初的物質，就像一枚橄欖球那麼大小，有其絕對的密度，不可思議的密度。上帝瞧著很喜歡，用腳一踢，那球就飛得好遠，好遠，好遠的，而終於發出轟然一聲的大爆炸，物質分裂而四射，乃產生一膨脹的宇宙。據說，那是由於一不安的中子之蠢動而造成的。

那太初的宇宙，上帝瞧著很喜歡，就說：「光是好的。」於是就有了光。光的秒速十八萬六千哩，無論走直線或曲線，永不停止。每一恒星都在發光。每一星雲都在發光。而在銀河系中，天狼及其伴星，發光最明最亮。至於太陽系的九大行星，還要算第三號名曰地球的為上帝所最愛。

那遠古的地球，從橘紅色的火星上看過去，是個淺藍色的行星。上帝瞧著很喜歡，就說：「生命是好的。」於是就有了生命：有了動物、植物及其他生物。那些樹木都很高大，無論落葉或常青的。那些恐龍都很醜陋，無論吃肉或吃素的。肉食恐龍專吃素食恐龍，因此，素食者越來越少，肉食者越來越多。結果，肉食者又自相殘殺，弄得到處血腥，龍骨遍地。上帝瞧著心裏難過，就說：「恐龍是不好的。」於是就沒有了恐龍。那是六千五百萬年前的事情。和恐龍同時代的蟑螂說：「彼等滅絕，而吾輩存活至今，此足以為作惡多端者戒。」

「怎麼辦呢？」上帝說：「這個地球，沒人管理還是不行的。」於是祂就依照祂自己的形像造人。據說，全世界的人類，都是上帝用泥土捏塑，然後放在祂的烤箱裏烤出來的：有些烤得時間太長，就變成了黑人、紅人、棕人；有些烤得時間太短，就變成了白人；而只有黃人烤的時間正好。所以咱們中國人自古以來就講求「中庸之道」，這不是沒有原故的。

上帝瞧著那些像祂樣子的人類很喜歡，就說：「爾等皆為余所創造，膚色雖有不同，然而一律蒙受神的祝福。因此，爾等必須相親相愛，和平相處，千萬不可互相仇視，爭地奪物，因打鬥而流血！」

可是人類，自詡為萬物之靈的人類，其人性中之獸性，始終高於神性，往往獸性大發，乃造成種種悲劇與不幸，或為個人對個人的，或為種族對種族的，例如漢高祖聽從呂后之言誅了淮陰侯韓信，歐洲白人用來復槍把印地安人屠殺殆盡，這些歷史上的紀錄，簡直不勝枚舉。而到了二十世紀，第一次世界大戰，已經死了幾百萬人；第二次世界大戰，又造成了幾千萬個寡婦；接著，馬上就要發生的第三次世界大戰，核彈核彈滿天飛，大城市一個跟著一個的毀滅，其死傷之眾多，不以億萬計那才怪哩，唉唉！這難道也是上帝所欣賞的京戲、粵劇、崑曲、秦腔、鳳陽花鼓或台灣歌仔戲嗎？

也許有一天，上帝會說：「人類是不好的。」於是就沒有了人類，也像六千五百萬年前恐龍的末日一樣。有個詩人跪下來禱告：「但願仁慈的上帝，永遠不要讓蟑螂站出來做第二次的見證才好……」

小指之第一節

切掉小指之第一節，
用血來抗議
日本帝國主義之復活，
這是對的。

二十位韓國弟兄，
我的好友，
詩人許世旭之同胞：
我向你們致敬。

但是我的小指之第一節，
是不能切掉的，
因為我的左右兩耳，
時常很癢。

與或人重逢

久矣不搞什麼潛意識或意識流之類的了。
管他媽的什麼前衛不前衛的，真好笑！
偶然來他一個變奏復變奏，多樣而統一，
不也蠻好玩的嗎？哈哈！　沒想到，
二千〇一年秋，在這個美麗的半島上，
居然與或人重逢。

「久違了，老路！」——
這使我大吃一驚，而又欣喜若狂。
瞧他長髮披肩，划著未來派的十六條腿，
來了來了那或人，來了來了那或人。

或人甲使用東鄉青兒的筆法，

畫了一幅畢伽索第七號情婦生三隻乳房的
非常之性感；　或人乙

站在金門大橋上寫情詩，戴望舒說
他是阿保里奈爾投的胎；　或人丙

唱的卻是一曲「新世紀之黎明」，
鼕鼕鏘，鼕鼕鏘，以韓國小鼓為伴奏，
Encore! Encore! 我最最欣賞。

可是問題來了，來了問題。
問題一：何謂超現實派的散步？
（答以騎月牙的裸女準沒錯。）
問題二：有名的米拉堡橋在何處？
（在巴黎，圈子裏的朋友們都知道。）
問題三：詩人青空律是那一年去訪問漢城的？
（大概是一九七〇年吧。）答對了。酷！

於是或人來了，來了或人，
划著未來派的十六條腿，
多麼的，多麼的不可思議啊！

電話裏約定了下星期一來我們的老人公寓，
喝我的金門高粱，不料他卻飛往紐約去獻唱，
唱完了還要開畫展和來他一個詩朗誦，
而竟葬身於九一一世貿雙塔之火海，
就再也不歸來了！ 嗚呼哀哉！嗚呼哀哉！
猶憶一九三六年春，櫻花盛開，
東京一別，屈指六十又五年了。
唉唉！三位一體的或人啊！
我的好友，我的化身，我的夢：
你靜靜地睡吧！睡吧！睡吧！

家書與淚腺

家書，啊啊，家書，
那不是抵萬金的嗎，
在這個第三次世界大戰之
前夜，二十一世紀之
黎明？　啊啊，家書……
那究竟是從那一個國家，
那一個省，那一個縣，那一個人
寄來的呢？
　　我不知道，
　　我不知道；
就連杜甫也不知道。

而我所知道的是：
在這個藐小的地球上，
沒有一年不打仗，
沒有一天不流血，
多麼的可悲啊，上帝！

所以我的淚腺
特別發達，醫生說。

上帝是個玩家

上帝是個玩家，
祂玩祂所造的物，
玩得很過癮。
一旦玩膩了，玩厭了，
或是瞧著生氣，不高興，
祂就會把它毀滅掉。
然後再造，
再毀滅，
再造……

至於咱們今天的這個宇宙，
真不曉得已經是祂老人家
第幾千幾萬幾億幾兆幾京次

再造而成的了。
而總之，昨天的那個宇宙，
必定是個既不發光亦不運動
一點兒也不好玩的宇宙。
所以祂就把它毀滅掉，
然後又造成這個好玩的宇宙。

好玩嗎？是的，對了，
它不是正在膨脹著嗎？
而在這膨脹的宇宙之中，
存在著有許多的星雲；
在許多的星雲之中，
存在著有一個銀河系；
在許多的恒星之中，
存在著有一個太陽系；
在許多的行星之中，
存在著有一個地球；

地球上有許多的生命
和被稱為萬物之靈的人類；
而在眾人之中，
又有像我這樣一個詩人的存在。
我用我的詩讚美上帝。
上帝降福於我。

但是上帝的聽覺與嗅覺都很靈敏，
祂一聽到槍炮聲，一聞到血腥味，
就會心痛；祂一心痛，
就想要把這個世界毀滅掉。
唉唉！再不要自相殘殺了！
何其可憐的人類呀！……

上帝造了撒旦

上帝造物：
祂造了物質，
也造了反物質；
美是祂造的，
醜不也是祂造的嗎？

祂甚至於還造了一個
權力幾乎和祂相等的撒旦，
教牠膽敢造祂的反，
企圖取而代之，
扮著鬼臉，
用髒話罵祂——
這麼一來，

祂就覺得滿好玩的，
一點兒也不寂寞了。

二千零二年作品

尤勃連納

他已經把對手打倒，
用腳踩住，
只要一斧頭砍下去，
那傢伙就沒命了。

這是古羅馬帝國的規矩，
每三年一次，在競技場上，
教兩個死囚決鬥，
誰贏了，就放走。

「把他宰掉！把他宰掉！」
看台上的貴族們齊聲大喊：
「怎麼還不下手？」

可是，聽哪——
「為了要獲得自由，
而把一個和我無仇無怨，
而且又是一同受苦受難的人
殺死，以供爾等消遣，
我不幹的。」
好一個尤勃連納，
真英雄也！
說著，說著，
　就把他手中的武器
　　朝向看台那邊
　　　使勁地扔過去……

後記：尤勃連納是我最喜歡的明星之一，他主演的電影沒有一部我不叫好。聽說他是個蒙古人，被好萊塢的導演發現，一下子就紅了。那是二十世紀三四十年代的事情，至今我還留有很深刻的印象。（二千〇二年一月十日，紀弦記於聖・馬太奧老人公寓。）

夢終南山

作為秦嶺之一部分，
而且又是最最有名的一部分，
終南山啊，你多美呀！

就在你的腳下，我的祖籍，
盩山厔水，如畫如詩，人家說。
而我卻從未一睹你的山姿與山色，
豈非生平一大遺憾乎？

但我不是沒有用我的兩臂
把你抱得緊緊的，
如抱一個情人，在那夢中，
在那哭醒了的夢中。

·35· 夢終南山

後記：我祖籍陝西，這沒錯。而我卻從未踏入陝西省的邊界一步，故不能算個「秦人」。年少時定居揚州，深愛瘦西湖之美景，遂以揚州為我心目中之故鄉，無論那些同鄉會承認或不承認。

手指與足趾

我先用左手數右手的五指，
再用右手數左手的五指，
不依長幼先後次序，那便是：
楊喚、李莎、覃子豪、
沙牧、古丁、沈冬、梅新、
戴望舒、徐遲、鷗外·鷗。

還有鍾雷、羊令野、
艾青、顧城、卞之琳……
不夠了，不夠了，怎麼辦？
沒關係，我還有十個足趾
可以接下去數。然後，還有……
還有什麼？不！不可以！

不可以再數下去了！
唉唉！老天爺呀：
請別讓我把另一隻襪子脫掉
好不好？

三月七號

三月三十一天
是個大月
有些日子應當笑
有些日子應當哭
而尤以三月七號這一天
我不能不和朋友們
同聲一哭

台北市西門町平交道
旁邊站著有
詩人楊喚的銅像一座
二十四小時值勤
不穿雨衣

也不戴風帽
請把那欄木放下
有禮貌地喊道
每當火車來了時
南下的或是
北上的

頭條新聞

報紙上的頭條新聞，
如果不再是有關以巴衝突那多好。
怎麼搞的，這兩個世仇，老是不肯講和！
說吧，安南：聯合國究竟有什麼用呢？

報紙上的頭條新聞，
如果不再是有關日本首相參拜靖國神社那多好。
小泉純一郎啊！難道你是希特勒投的胎，
還想再來他一次南京大屠殺嗎？

報紙上的頭條新聞，
如果不再是有關某人做夢那多好。
他夢見成了某國的國父，

就像美國的華盛頓一樣，
自以為很偉大，很了不起。
忽然砰的一聲，這場美夢便粉碎了。

報紙上的頭條新聞，
如果不再是那些令人難過，令人生氣，
或令人感到可恥的報導，
而是有關紀弦的詩朗誦，
賺到了許多女生的眼淚，一顆顆珍珠似的；
而是有關哈伯用他的大眼睛看見許多的白矮星，
因而證實了宇宙已存在一百四十億年，
並且繼續在膨脹中，自從大爆炸以來；
以及其他有關文藝與科學方面的消息，
那麼，這個天下
不就太平了嗎？唉唉！……

超現實的三十年代

寫了許多超現實派的詩，在三十年代，
因為沒有什麼可羅曼的。
寫了許多超現實派的詩，在三十年代，
因為沒有什麼可象徵的。

寫了許多超現實派的詩，在三十年代，
自以為很偉大，很新，很美，很動人，
可是老婆說她看不懂，朋友們也反對，
還被詩神罵了一頓。（請注意！我的詩神不是你們的九個繆斯。）

寫了許多超現實派的詩，在三十年代，
除了杜衡，誰也不支持我的文藝自由詩自由。
咱們是「第三種人」，不左也不右的。

·43· 超現實的三十年代

寫了許多超現實派的詩，在三十年代，
沒有人叫好，也沒有人叫倒好，
多麼的，多麼的寂寞啊！
但我還是我寫我的，用我的派克六十一，
管他媽的什麼毀啦譽的，褒啦貶的，
在那個飢腸轆轆炮聲隆隆至極可詛咒的亂世。

而在三十年代，丟那媽的三十年代，
你教我不寫超現實派的詩寫什麼呢？
難道寫「毛澤東騎著馬來了」嗎？
難道寫「蔣介石帶著兵去了」嗎？
多麼的，多麼的可笑復可恥啊，
那些標語口號文學以下詩以下！

我是詩人，所以不投他們的票。

有緣無緣

我與檳榔樹有緣。
我與蜥蜴有緣。

在台灣，每一棵檳榔樹
都記得我的名字，
說我是他們的同類。多好玩！
因為我像檳榔樹，
我愛檳榔樹，
我寫檳榔樹，
我的詩集
亦名之曰「檳榔樹」。
但是我是不嚼檳榔實的，

我也不看西施，
我也不亂花錢。

而在墾丁，想當年，
我欣然南下，作千金之旅，
花的錢可多了：
住賓館，開最好的房間，
吃西餐，喝最貴的洋酒，
為的是要享受一夜的寧靜——
我躺在床上，睜著眼睛，
傾聽蜥蜴們的大合唱，
以巴士海峽的海潮音為伴奏，
那真是太美了！

據說，一過了北回歸線，
牠們就不叫了。
怎麼搞的？我不知道。

而我所知道的是：
蜥蜴和我有緣；
檳榔樹和我有緣；
還有那些詩人也都和我有緣。
除此以外，一概無緣。

帽子的戴法

把帽子戴歪些，
這便是一種叛逆的精神，
一種反傳統的表現。
五四以來，
作為一個求新求變的詩人，
我一向如此。

而那些戴得很正的，
不一定都是好人：
其中可能有個間諜，
有個人口販子，
有個毒梟，
有個三隻手，
或者是個不忠的丈夫。

重返地球

飛著，飛著，飛著，
一飛就飛出了奇蹟的太陽系；
飛著，飛著，飛著，
一飛就飛出了美麗的銀河系。

哇！那麼多的銀河外星雲，
巴黎選美一般的亮著相，真好看！
然而竟沒有一個圓形車輪狀的，
和我們的老家一模一樣。
而多半皆為渦狀橢圓形的。
也有一些作三角形和長方形的。
也有一些是S狀和Y狀的。
也有一些黑洞，永遠不再發光。
還有一些反物質的構造，

那是肉眼所不見的。
於是飛著，飛著，飛著，
一飛就飛到了宇宙之邊緣，
而對著冥黑無限的真空，
就再也飛不出去了。

「何其狂妄的小子啊！
難道你還想進入神的世界嗎？」
上帝說，很不高興的樣子。
我於失望之餘，只好重返
這個藐小的第三號行星上來
看人生，而嘆了一口氣。

後記：㈠所謂「人定勝天」，是有其極限的。㈡超光速太空船，總有一天，我們的後裔是可以製造出來的，我相信。但是它頂多只能有助於人類移民火星，觀光木星、土星等行星；而再也無法飛出太陽系，去向咱們的芳鄰 PROXIMA 道一聲早安了。唉唉！多麼的無奈啊！（二千〇二年七月十三日，紀弦記於聖・馬太奧老人公寓。）

重返色彩的世界

我終於回來了。好辛苦啊！

那些朱紅、殷紅、橙紅、玫瑰紅，
那些翠綠、草綠、碧綠、蘋果綠，
那些金黃、土黃、杏黃、檸檬黃，
那些孔雀藍色、紫羅蘭色、雨過天青色
和我的愛人的大眼睛海一般的湛藍色，
還有那些黑的、白的、灰的
和我所最最喜歡很濃很香的咖啡色，
他們正在列隊歡迎我的歸來，
在那塵封了七十多年的畫板上，
發出了一致的歡呼，大聲地。

是的，我終於回來了。
好久好久沒用畫筆蘸顏料
在畫布上塗塗抹抹的了——
那就讓我背著畫箱，吹著口哨，
出發吧！

我必須到南極去畫那些人模人樣的企鵝；
我必須到澳洲去畫那些善跑善跳的袋鼠；
我必須到大溪地去畫那些高更沒畫過的女人，
至於塞尚的蘋果和梵谷的向日葵我就不畫了；
而一旦回到了寶島台灣，我的第二故鄉，
我總要多畫他幾棵檳榔樹和鳳凰木；
而一旦回到了神州大陸，我總要畫他一系列的
我老家美麗的瘦西湖和我祖籍有名的終南山；
當然，我還要去畫武昌的黃鶴樓
和蘇州的滄浪亭，我的兩個母校之所在；
至於揚州的南河下，我的初戀之街

和北京的河伯廠，我小時候放風箏的地方，
據說已自地圖上消失了。唉唉！

於是，到了二〇一三年，我滿一百歲，
那就必須乘坐一艘超光速太空船前往月球
去畫那沒有水也沒有風寸草不生十分荒涼
咱們唯一的衛星以慶生，以祝壽；
畫成，我就婆娑起舞，引吭高歌，而且
喝他一個醉。

後記：㈠我本來是學畫的，大家知道。值此新世紀的黎明，我一直都在想要重提畫筆，卻始終未能如願。但我並未死心，那就再說吧。㈡此詩初稿於八月八日，直到今天方告完成，眞的是很辛苦，如果不讓我喝一杯，那你們就未免太殘忍了！

（二千〇二年八月二十五日，紀弦）

畫室裏的故事

君臨七彩的天下，
我常用我的權杖作指揮棒，
教紅、橙、黃、綠四隊的男生們
合唱一曲H調的不可思議之歌；

而青與藍與紫三族的妞兒們
則必須跳一系列既非三拍子亦非二拍子
十分奇妙可以飛起來的超現實之舞——
那是早在二十世紀三十年代
我就已經欽定了的。

君臨七彩的天下，
我常用我的權杖作指揮棒，

教他們和她們唱歌和跳舞，
唱給我聽，
跳給我看，
向我宣誓效忠。

而除了貓眼中的灰色
和我的褲子的咖啡色，
誰也不敢造我的反。

在畫板上戡亂

聽說有些顏色要造反了。
那還了得！
據報：那是灰色。
她時常埋怨我，說我是個昏君。

我就拿起來我的畫筆，
在畫板上戡亂——
我把她加入青、藍、紫三色中，
使成為青灰色、藍灰色、紫灰色，
就像多霧的舊金山灣一樣，
帶幾分朦朧美。
這麼一來，她就哭了。

至於咖啡色嘛，另一叛徒，
據報：這個傢伙有點兒不大好惹。

為了要使我的風景畫
畫得更加寫實一點，
我不得不把他加入紅色使成為土紅色，
加入黃色使成為土黃色，
而且加入綠色，
給人以一種初秋的感覺。

可是橙色卻舉起手來表示反對，說：
我乃紀弦最愛喝的 Orange Juice，
豈可以其苦味破壞我的「純粹」？
不行！不行！

哈哈！「純粹」？
你不也是紅與黃二原色之複合乎？

何「純粹」之有？接下去，
咖啡色大發議論：
須知綠乃黃與青二原色之複合，
紫乃紅與青二原色之複合，
藍乃青中加入了少許的紅而成，
也是不夠「純粹」的。

請注意！他們都是二原色之複合，
而我卻是唯一的三原色之複合；
根據優生學的原理，
我乃最聰明的雜種中之雜種。
我苦是苦了一點，這不錯。
去問問紀弦吧，
他不是每天早上都要喝一杯的嗎？

黃山之松

不是種下去的，
而是頂開了海拔一千八百公尺
最高峰一塊巨大岩石
矗立於天地之間的
黃山之松，
說要出現就出現了，
全憑一個意志，一個不可抗的意志。
啊啊，黃山之松！
其生命力是如此的堅強，
其姿態又是如此的優美，
像一幅畫，
像一首詩，
他是一種圖騰，

他是一種象徵，
我朝暮凝視，心想：
凡我華夏兒女，
就要個個都像他的那個樣子
才好。

後記：㈠老友張紹載，多年前旅遊黃山歸來，送給我一幅放大了的他親自攝影的「黃山之松」。我就把它懸於我的書齋之座右，朝暮凝視，心神嚮往，卻始終未能成詩一首。直到今年八月，我家三兒學濂，三媳敏珠，參加旅行團，作大陸之遊，回來後，向我報告了一些有關黃山的情況，這才大大地引起了我的興趣，靈感忽至，詩興大發，於是花了三天三夜的工夫，草成此篇，以呈正於紹載兄，敏華嫂，和大方小姐。㈡敏珠還把她寫的一首「祖國情」給我看了：「我所熱愛的祖國，當我回到你的懷抱，你我是如此的親切，我沒有感到一點陌生。長江啊！黃山啊！……」這當然不能和一般專業作家相比，但是文字通順，感情眞實，還是很值得嘉獎的。㈢我從未到過黃山，也不曉得他究竟有多高，還是大方在電話中告訴我的，我應該謝謝她。（二千〇二年十月八日，紀弦記於聖·馬太奧老人公寓。）

我與玫瑰

我手種的玫瑰，
有劍瓣的，有圓瓣的，
而皆為高級品種，都很香。
有純白的，有微綠的，有淺紫的，
有的橙黃，有的金黃，有的檸檬黃，
有的桃紅，有的粉紅，有的胭脂紅，
還有一株很濃很濃，血一般的殷紅。

聽見了嗎，鏗鏗的刀劍聲？
聽見了嗎，幽幽的私語聲？
啊啊！多麼值得傾聽的啊：
各種樂器之大交響，
優美的小夜曲，

和男高音的獨唱——
那是只有文化層次過低的
才會説一聲聽不見。

而像我這樣一個辛勤的老園丁，
德國詩人里爾克也不會不欣賞。

後記：德國詩人里爾克（Rainer Maria Rilke, 1875- 1926），也和我一樣，愛玫瑰，種玫瑰，和歌唱玫瑰。不幸死於玫瑰！無法醫治，遂與世長辭了。多麼可惜！

橋之組曲

金門大橋，在霧中，
是一件動人的藝術品。
海灣大橋，不愧為
一項科學上偉大的成就。
巴黎的米拉堡橋，
倫敦的西敏士特橋，
和上海的天后宮橋，
永遠是充滿了詩意的。

而在台灣——
我的第二故鄉，
我最喜歡走過去的
就是碧潭之橋，

她也像一幅名畫。

還有揚州城外一小村，
名曰「廿四橋」的——
啊啊，小杜！
多麼令人發懷古之幽思啊！
於是欣然往訪，結果大失所望，
那只不過是兩三塊木板
橫在一道乾涸了的小溪之上而已。
既無「玉人」，亦不聞簫聲，
只見一位村姑十三四的，
抱著一隻小貓，站在她家門口，
向我笑了一個微笑。

我的奮鬥

我的名字常被他們抹黑。
我的形像常被他們醜化。
我的心臟差點兒被他們的冷箭射穿。
我的腦袋差點兒被他們的黑刀砍掉。
他們還想打破我的飯碗，
教我全家老小挨餓，
多可怕！多可恨！
那些文丑、文妖、文匪、文渣！

他們下毒在我的杯中，
又在我的路上埋下了定時炸彈，
但我笑笑，舉杯一飲而盡，
吹著口哨，大踏步地前進。

到如今，那個想做詩人做不成功，
善妒的低能兒，可詛咒的東西，
已經短命而死，化為灰燼，
或者說，泡沫一般的消失了；
而我依然屹立，在這個大地上，
像一棵高聳入雲的紅木。

揚州、上海和台灣

如果有客來自揚州，
請問我小時候住過的宮太傅第
後花園中五棵高大的梧桐樹
每一棵我都用小刀刻過我的名字的
如今怎麼樣了？
還有那些繞樹而飛的鳳凰
都飛到哪兒去了？

如果有客來自上海，
請問我於三十年代時常佇立良久
觀看兩岸風景的天后宮橋
和橋下緩緩流著很髒很臭的蘇州河
如今怎麼樣了？

還有那些早該報廢逾齡的船隻
是否還停在那裏不動？

如果有客來自台灣，
請問我最最喜愛的那些修長的檳榔樹，
那些北回歸線以南會唱歌的蜥蜴，
和那些詩人我的同行同類，
如今怎麼樣了？
是的，在寶島，只有這三種生物
為我所深深地懷念，懷念，
也常常夢見，夢見。

我與地球

對於這個行星，
藍色的，第三號，
我還是充滿了愛心的，
雖説小是小了一點，
不夠我散步的：

我愛那些山脈，那些河流，
那些海洋，那些陸地，那些沙漠
和那些島嶼，大大小小的，
群島，半島，無不喜愛。

我愛那些梧桐樹，那些檳榔樹
及其他喬木，無論落葉或不落葉。
我愛那些玫瑰，那些曇花，

那些天堂鳥，那些中國立葵
及其他花卉，無論香或不香。
甚至那些灌木，那些小草
和仙人掌，我也給以祝福。

我祝福我的同胞，無論他在何處，
寶島，神州，或是其他地區。
我祝福印第安保留地開賭場的紅番
和會説阿羅哈的夏威夷土著，
他們表演的草裙舞，
以檀香山六絃琴為伴奏，
我一向很欣賞。

我也祝福亞洲、歐洲、非洲、美洲
和大洋洲的人類，不同的膚色，不同的髮色，
不同的民族，不同的文化，不同的語言，
一律給以祝福，因為大家都是上帝造的。

至於那些動物，除了貓，我最最喜愛的，
就是南極的企鵝，澳洲的袋鼠，班馬，羚羊，
長頸鹿，大鼻象和孫悟空的同類。
當然，一切鳥類、昆蟲、水族，我都喜愛。
甚至陰險的鱷魚，兇猛的大白鯊
和醜陋的大蜥蜴，我也給以祝福。

而總之，地球上的生物，
我都喜愛，我都祝福。
唯有蛇，那教唆夏娃犯罪的，
必須加以詛咒；
雖然被法海打敗了的
白娘娘，我總是同情的。

後記：㈠此詩完成於二千零二年十一月，非常得意。㈡我愛貓而不愛狗，那是因為我小時候曾被一隻黑狗咬過的原故。

沒有酒的日子

從前在台灣，每當我
窮得沒錢買酒時，我就會
把那些喝空了的瓶子
搬上天台，對準了水泥牆，
一隻隻，一雙雙，手榴彈一般的
拋擲過去，使發出乒乓劈拍之響，
不也是蠻好玩的嗎？

如今在美國，我總喜歡
在後院中，教他們排起隊來，
用我那銀柄的烏木手杖
把他們一個個宰掉。 有一回

正當我快要下手時，
忽聞一聲「相公饒命」，
原來是湖南「酒鬼」，
說他瓶中還剩半杯，
不是不可以讓我過過癮的。
唉唉！算了，
給他記一大功。

後記：㈠此詩初稿於二千〇二年十二月初，是這一年最後的一首。㈡「酒鬼」問世不久，雖不若「茅台」之強烈，然亦頗爲香醇，我常喝的。（二千〇二年十二月十二日，紀弦記於聖・馬太奧老人公寓。）

二千零三年作品

九十自壽

我寫了許多許多的壞詩，
而也不是沒有一些好的，一些傑作與金句，
例如「戀人之目」、「狼之獨步」……
面對著全世界全人類，
我想我已足以當一個POET之稱
而無愧了。 可是，有誰會知道呢？
在此世，
我活著，
好辛苦。

飢餐粉筆灰，
渴飲紅墨水，
頭上從未戴過一頂紗帽，

胸前從未掛過一枚勳章；
至於諾貝爾獎，
早就應該被提名了，
然而始終也沒有誰
問過我一句要不要——
多麼的寒冷啊！

在此世，我活著，好辛苦。
從一九一三到二千零三，
迄今已有九十個三百六十五天了。
當然，還有一些閏年二月多一天的，
不也必須加上去一同計算嗎？
但我是個數學不及格的，
加或不加 I don't care。
那就讓我舉起來我的高腳杯，
三呼紀弦萬歲詩萬歲吧。

後記：㈠從去年十一月開始，一直寫到現在方告完成，好辛苦啊！㈡我以前寫的「八十自壽」已收入「第十詩集」中，「七十自壽」已收入「晚景」中，「六十自壽」已收入「檳榔樹戊集」中，「五十歲的歌手」已收入「檳榔樹丙集」中，「四十歲的狂徒」已收入「檳榔樹乙集」中，還有一首「三十代」，已收入「飲者詩鈔」中。每十年自壽一次，這已成爲我的一種習慣了。那麼，再過十年，我不是又可以寫一首「人瑞之歌」了嗎？㈢我不知道我還能在世幾年，而總之，我一定聽痖弦的話，好好地活下去就是了。（二千〇三年一月二十日，紀弦記於聖・馬太奧老人公寓。）

· 77 · I am ninety young

I am ninety young

我背已微駝，兩鬢已如霜，
但是上樓下樓，依然不用電梯。
我已不再晨跑，我已不再跳高。
到如今，我老是老了一點兒，
然而對於那些尤物中之尤物，
還是蠻有興趣的哩：
如果瑪麗蓮夢露打個長途電話來，
請我做她的舞伴，
去赴一次特別晚宴，
我想我不會不欣然前往的。

晨步

手杖如槳，
而我是一條船；
划著，划著，在這早晨七點鐘
小河一般的人行道上，
我散著步，哼著歌，愉快地。

本來，我是一員跳高、跳遠、
並尤其是三級跳傑出的選手。
怎麼搞的？一下子就變成了個
「三條腿的生物」！
忽然聽見田徑場上
那麼多的女生在拍手……

複製論

二月十五日讀報，驚悉
桃莉死了，才六歲，多可惜！
我心裏很難過。但沒關係：
君不見還有一個黷武好戰的傢伙，
那不是希特勒的複製乎？

請勿複製田中或東條！
不過，我的好友池田與草野，
多做幾個也無妨，
因為他們都是詩人。
（並非每個日本人都該殺的，你說是嗎？）

想當年，在上海，空襲下，

一同讀完了「禮運大同篇」，
草野和我，二大酒仙，
分飲一瓶俄國伏特加——
那是很不容易才弄到手的。
而池田，卻在「馬上侯」睡著了，
誰曉得他夢見了什麼？

老祖宗的夢

在土星光環上繞行一圈，
在木星上小個便，
在火星上插一面中國旗，
在冥王星上發個消息出去，
乘坐超光速太空船，
週遊太陽系，
我的多麼有出息的玄孫的玄孫的玄孫，
小子們帶著女友度假的節目，
當然要花上好幾百萬美金的。

誰敢説這只是
他們的老祖宗
大詩人紀弦的

美夢一場而已？
誰敢說這只是
他們的老祖宗
大詩人紀弦的
美夢一場而已？

葉賽寧的紅鬚小馬

葉賽寧的紅鬚小馬
的確是人見人愛，就連我
也想騎牠一下。
但牠老是不服氣似地
舉起前蹄來，想要去
和瑪牙柯夫斯基的火車
賽個跑——
那就註定了必輸無疑啦。

然而「穿褲子的雲」，
工業社會「前進」的未來派，
也像「落伍」的田園詩一樣，
是不受布爾希維克歡迎的。
所以兩位詩人都自殺了。
多麼的可惜啊！

上帝的遊戲

從六千五百萬年前的恐龍滅絕，
到六千五百萬年後的人類末日，
以及整個太陽系變成一大黑洞，
以及最遠的一個渦狀大星雲
重返宇宙中心，以及要不要
再來他一次大爆炸……
這些全都是上帝的遊戲，
祂愛怎麼樣個玩法就怎麼樣個玩法，
誰也猜不透的，誰也想不到的，
除了我，一個狂乎其妄的
循環論者。　是的，循環：
　　　　創造了又毀滅，
　　　　毀滅了又創造，

已經不知多少回了。

仰視銀河之諸星，
俯瞰世間之眾生，
站在蕞爾的地球上，
我用我的詩讚美上帝，
上帝降福於我，
我乃成為一不落葉的喬木。

漢學家

他是個漢學家，人家說，
會說「你好嗎」和「恭喜發財」；
而且，還會寫ㄅㄆㄇㄈ哩。
難怪他老是用一種異樣的目光
瞧看我的腦後和我老婆的雙足。

但願他不要把詩聖杜甫
和營養豐富的豆腐
混為一談那才好！

布穀鳥的歌聲

布穀鳥又在唱她那
有名的催耕之歌了，
可是玩電腦的孩子們
連聽都沒聽見。

藏有千年古書的圖書館
已被重磅炸彈所炸毀，
請問那個不要臉的亡國之君
究竟逃到哪兒去了？

一種名叫 SARS 的傳染病
正在執行萬惡撒旦的指令，
想要在短短幾個月以內

把全世界全人類消滅殆盡。
恐怕到了二千〇八年，
一列列沒有乘客的**BART**
就只好停在軌道上
一動也不動了。……

麥克阿瑟二題

一、我一定回來

「我一定回來。」
當巴丹半島撤退時，
他不是說過這句話的麼？
說要回來就回來了。
多麼的英雄啊！

而當你挽著個雜種的妞兒
散步於杜威大道時，
瞧！那邊，就在椰子樹林後，
馬尼拉灣的落日，那不是

天下最大也最紅的一個嗎？

二、在仁川公園中

當他口含煙斗，捲起軍褲，
率部涉水，登陸仁川，
一舉切斷敵人退路和補給線，
乃獲得決定性的勝利，
全世界都為之大聲喝采——
像這樣的一種戰略戰術，
古今中外有誰能夠和他相比？

可惜的是，一聲令下，
他終於未能揮師北上，直搗平壤；
然後，半島就統一了。

而當我在種著有許多白楊的公園中
向著他的銅像三鞠躬時，心想：

當年那個政客
　不就是假造聖旨
　　用十二道金牌
　　　召回岳飛的
　　　　秦檜投的胎嗎？

後記：㈠和第一題有關，請參看「紀弦回憶錄」第二部第十三章與第十八章。㈡和第二題有關，請參看「紀弦回憶錄」第二部第十九章。（二千〇三年四月二十八日，紀弦記於聖·馬太奧老人公寓。）

寄詩人柳易冰一輯三首

一、鐘聲

「江海關的大鐘，
鏗鏘的十二時。」
那是午夜，而非中午。
當年我在上海流浪，
這兩行金句，
為朋友們所激賞。

我的忘年之交啊：
請你到外灘去看看，
那鐘，還在不在？
我深深地懷念。

二、歷史

「唯中國人與狗不得入內」
公園門口亮著的那塊銅牌，
早就被拿掉了。
想當然，你是不知道的。
但我永遠不會忘記，
小時候，老師帶著我們去看過，
回到學校，放聲大哭。

三、酒保

那些酒店名，
你連聽都沒聽過，
難怪找不到了。
高長興、善元泰、馬上侯，
我時常光顧的。

還有那酒保阿胖，
稱我為「發芽豆先生」，
好幾回讓我賒了帳。
他真是這世上
最好的好人一個！

後記：這一輯三首，寫的都是眞人眞事，我親身的經驗，遙寄上海詩人柳易冰，我的忘年之交，希望他看了會喜歡。（二千〇三年五月五日，紀弦記於聖·馬太奧老人公寓。）

題未定篇

古人騎在驢背上推敲，
我則坐在抽水馬桶上想詩；
他們有的是閑暇和餘裕，
我們卻忙得機器似的。

「喊科學萬歲吧！
説藝術再會吧！」
一九四七，我寫了「詩的滅亡」；
一九五三，又寫了「詩的復活」：
讓煤煙把月亮燻黑那才美的
美學，李白是不懂的。
從農業社會到工業社會，
一九五八，在台灣，

我發表了「我來自橋那邊」，
這叫做有詩為證。

欣逢二十一世紀之黎明，
我欲大聲歡呼，其奈有人好戰，
炮聲隆隆，彈下如雨，
你教我唱些什麼呢，親愛的？
只要不被 SARS 帶走。

於是到了五百年後，
咱們那些多麼有出息的
玄孫的玄孫的玄孫的玄孫，
將會在天王星和海王星的基地上
工作和寫詩，並把他們的戀歌
朗誦給地球上的女友聽；
然後乘坐超光速太空船，
出了太陽系，向 Proxima 說再見，

就直奔天狼及其伴星
（銀河系裏最明麗的一對夫妻）
去從事於一空前偉大
至極英勇之探險。

飛著，飛著，飛著，飛著，
一面工作，一面寫詩，多好玩啊！
忽然消息中斷，
就再也不歸來了。……

後記：㈠此詩數易其稿，改了又改，直到今天，方算完成，好辛苦啊！㈡Proxima乃一最鄰近我們的太陽系之一恒星名，略小於太陽。（二〇〇三年五月十五日，紀弦記於聖・馬太奥老人公寓）

羚羊人系列之二

話說咱們的羚羊人，
被抓回來之後，
在那些專家和教練全心全力的
愛護、教育與訓練之下，
到如今，已逐漸恢復人性，
會講幾句人話，
喜歡吃熟食，
而且，還會寫幾個漢字哩。
可是他始終不肯穿衣服，
就連一條三角褲都不肯，
裸奔、裸跳，已成習慣，
這一點，很是令人傷腦筋，

因為奧林匹克運動大會
馬上就要在北京舉行了。
怎麼辦？怎麼辦？

羚羊人系列之三

「是的，我姓林，名陽仁。
這是我的名片。
請多多指教！」
到了二十一世紀，
他已經變得彬彬有禮了。

一位體育記者正在訪問他：
「這一次咱們中國隊遠征羅馬，
贏得了世籃冠軍，
都是林先生建立的功勞。……」

「那裏？那裏？
全靠姚明傳球給我，

我才可以縱身一躍，
把球放進籃中。
如果球不到手，
我怎麼會得分？
他第一，我第二。」

好一個林陽仁，
多麼的謙虛啊！

羚羊人系列之四

慶功宴中，鎂光燈下，
他最喜歡的那個洋妞，
金髮碧眼的 Sacoia，
把他打扮得好帥好神氣，
還結了一條他很不習慣的領帶，
這使他感覺到呼吸相當困難，
但也只好忍耐著點兒了。

上菜時，他對侍者説：
「那些海鮮和肉類，我都不能吃，
請多給我一些沙拉和水果好不好？
至於你們加州的紅葡萄酒，
光喝一瓶是不夠的。」

羚羊人系列之五

他本來是個棄嬰，
被一位羚羊媽媽發現，
餵奶帶大了的。

如今他已成為體壇名人，
數以千計的女生在追求他；
而他卻悄悄地前往西藏
省親，認祖歸宗去了。
這都是由於 DNA 之故。

君不見電視上的畫面，
多麼的感人啊——
二老擁愛兒而痛哭，

然後又破涕為笑了。

後記：(一)我於一九九六年寫了一首「羚羊人」，見「宇宙詩鈔」頁四六和「紀弦詩拔萃」頁二〇九，因此，現在我寫「羚羊人系列之二」、「羚羊人系列之三」、「羚羊人系列之四」和這最後的一首，當然是有所根據的。(二)關於羚羊人的故事，那是當我讀小學時，老師講給我們聽的，印象深刻，終身難忘。（二千〇三年六月二十日，）

玩芭比的小女孩完成篇

玩芭比的小女孩，一定要穿
和芭比同樣的衣、裙、鞋、襪，
她爸爸都給她買到了；

玩芭比的小女孩，一定要戴
和芭比同樣的項練、指環、耳墜子，
她爸爸都給她買到了；

可是，她還要一個和堪同樣的男友，
她說芭比喜歡他我也喜歡他，
這下子可把他爸爸弄得毫無辦法了！

於是詩人說：

「玩芭比的小女孩：
別那麼快變成芭比好不好？」

後記：「玩芭比的小女孩」作於二〇〇〇年，見「宇宙詩鈔」頁二〇三，又見「紀弦詩拔萃」頁二三二，和「月光曲」一樣，都是一種「不完成的表現」，朋友們無不大為欣賞；言有盡，意無窮，我想我是做到了的。可是我總覺得有點兒不過癮，於是乎來他一個「完成篇」，不也很好玩嗎？（二千〇三年七月）

一八二公分

我身高一八二公分。
想當年，一九三六，在東京，
人們都要抬起頭來看我——
抽著煙斗，
拿著手杖，
散著步，
多麼的不可一世啊！
可是到了二〇〇三，在舊金山，
給我量過了身高和體重，就說：
美國護士小姐
「一五〇磅，一八〇公分，很標準。」
我謝了她。心想，也許她弄錯了。
「沒錯。」上帝說：「人老了，
總要縮短一點兒的。」

給加州藍鳥

藍鳥，哦，藍鳥，你多美呀！
我愛加州，不忍離去，一部分的原因，
不也是由於你的緣故嗎？
而當你散步於我門前的草地上，
亦大有一種詩人的風度哩。

可是我後院樹上的紅李子，
全都被你吃光了！
果核，果皮，散落滿地，
髒兮兮的，教我無法清理。

你說那是松鼠幹的壞事。
我不信，因我親眼看見
你吃飽了就飛走。
這就難怪我但恨手中沒有一桿獵槍了。

挑戰石原

你說「支那」一詞並非壞話，
然則「倭奴」一詞不也很好聽嗎？
石原愼太郎啊：
如果你並非一個沒出息的東西，
那就請你接受我拋出去的手套，
來他一個單人決鬥，
在東京，
或舊金山，
用槍，
用劍，
或是徒手肉搏之殊死戰。

後記：二千〇三年七月十八日，「世界日報」上有一則新聞，題為「石原慎太郎再放言辱華」，我看了很生氣，於是作詩一首以抗議之。須知「支那」一詞之日文發音，和「死了的」完全相似，而稱中國為「支那」，稱中國人為「支那人」，的的確確是一大侮辱。據我所知，除了右翼政客如石原之流，凡是有教養的日本人士，都不會說這種話。

四度空間狂想曲

在四度空間裏，
時間走雙曲線，
無所謂長、廣、高，
亦無所謂過去、現在與未來，
既見了「古人」，
也見了「來者」，
而且還會飛哩，
從一個星球到一個星球，
多好玩啊！

時而和李白比劍，結果是不分勝負，
時而和陶潛乾杯，他説我醉欲眠君且去，
時而和賈島共騎一匹小毛驢，

時而和崔顥合唱一曲黃鶴樓，
時而登上幽州台，奉勸陳兄別哭了，
時而化身為荊軻，匕首一擲，秦王倒下，
時而在月球上散散步，
時而在火星上跳跳舞，
時而和一個玄孫比賽跑百米，
時而和另一個玄孫比賽游蛙式，
時而和一個玄孫的玄孫打網球，
時而和另一個玄孫的玄孫下圍棋，
而每回的輸家都是他們的老祖宗。

又一次，不知怎麼搞的，
居然和一個木星上的女人談戀愛！
她是那麼高大，就連巴黎鐵塔還要比她矮幾吋，
她只要用兩個手指頭把我一捏，
那我不就粉身碎骨化為齏粉了嗎？

循環論的宇宙觀

上帝說：「這個宇宙應該膨脹。」
於是它就奉命膨脹了起來。
每一個大星雲，快速地從我們退走，
我們的哈伯（Hubble）向我們報告。

「但是膨脹到一極限，
不也應該收縮起來，
重返於太初大爆炸以前之一點乎？」
——詩人問道。

「是的，」上帝說：
「收縮了再膨脹，膨脹了再收縮，
週而復始地循環著，那才好玩。

否則，我豈不是太寂寞了嗎？」

至於吾人現今所處此一膨脹的宇宙，
已經不知是第幾萬億兆京次的循環了；
當然，今後還會有無數次不停的循環，
而每一次的形態、方式，應皆不同。

基於物質不滅定律，
我相信我這循環論的宇宙觀，
就連愛因斯坦也會說聲佩服的。

關於飛

上帝說：「人類可以飛。」
於是我們就飛起來了。
從一個洲到一個洲，
從一個國到一個國，
從一個城到一個城，
飛得好高好快好舒服啊；
而且，還登陸了月球哩。

「但是，」上帝說：
「永遠不許飛出太陽系！」

對於這一禁令，
我不得不向祂老人家

提出抗議，輕聲地。
如果一怒之下，
祂用一個霹靂把我宰掉，
那我也就只好認了。

上帝說光是好的

上帝說光是好的，於是就有了光。
上帝說恐龍是不好的，於是就沒有了恐龍。
上帝說夾在火星與木星之間的那顆行星是不好的，
於是它就被敲碎、分裂為無數的小行星。
上帝說土星是好的，於是它就有了個美麗的光環。
上帝說天狼太孤單了，於是它就有了一顆伴星，
那伴星繞著它轉，也像我的女人不離開我身邊。
上帝說那個下毒在我的杯中善妒的低能兒
是不好的，所以他就短命而死。
上帝說紀弦是好的，所以我就活到了九十歲；
而且，說不定，還會成為一個「人瑞」哩。

我想：上帝創造宇宙萬有，

不也和我寫詩一樣的辛辛苦苦嗎？
我寫了一首又一首，瞧著不滿意的，
24×25的稿紙，撕了一張又一張，
不也和上帝創造了又毀滅，毀滅了又創造，
其經過的情形完全相同嗎？
上帝以其大能的手從事創造，祂多偉大！
我用我的原子筆寫詩，我多渺小！
但我時常朗誦我的詩篇讚美上帝，
所以上帝就降福於我了。

活著便是宣言

我已經擺好了一種
再出發的姿勢，
我必須來他一個強有力的
最後的衝刺！

雖然有些人士
早就把我交給了歷史，
可是我還活著，
還很不容易死。

說「寶刀未老」乎？老矣。
說「江郎才盡」乎？猶未。
如果我這就接受
人們給我打好了的分數

而滿足於今天的這點成就，
那多可恥！
古人說：知恥近乎勇。
故我必須留下一幅
勇者的畫像，在此世。
管他媽的什麼毀啦譽的，
褒啦貶的，我才不在乎。
而我的「姿勢」也許很可笑，
我的「衝刺」也許夠滑稽，
但即使是有如唐·吉訶德
策其瘦馬挺其長矛
而直取風車的那種英勇，
你也不能說我是個傻子。
因為我這個人
就是為詩而堂堂地活著，
亦將為詩含笑而死。

太陽致辭

太陽說：
我的壽命是一百億年。
迄今我已活了五十億年，
還剩一半，我必須好好地活下去，
繼續幅射我的光與熱，
直到有一天，變成一大黑洞——
那便是恒星之死，
乃是上帝規定了的。
到時候，我將會含笑而終，
一點兒遺憾也沒有。
何以言之？蓋因哈伯已經發現，
在這個銀河系裏，
也有少數行星繞著一顆恒星轉的，

但都沒有誰能夠比得上我
擁有九大行星、許多衛星、彗星和小行星
以及地球上的人類、動物、植物和細菌，
也像紀弦一樣，子女成行，兒孫滿堂，
我真是多麼的有福氣啊！

長頸鹿及其他

什麼是那長頸鹿想要看見的？
我不知道，去問商禽。
什麼是那廣場上的銅像所發表的演説和高呼的口號？
我沒聽見，去問白萩。
什麼是那得得的馬蹄聲所造成的一種美麗的錯誤？
你不懂嗎？去問愁予。
還有那四方城裏的小夜曲和深淵裏的交響樂
以及青空律的指揮棒下寶島上的大合唱，
那些名篇名作所應得的分數不是A+便是甲上，
我無不大為欣賞，甚至於還帶點兒忌妒。
請問詩壇三老誰先走的？
請問四大飲者還剩幾個？

請問誰的鄉愁寫得最好？誰的俳句寫得太多？
請問誰是葉珊？誰是巴雷？誰是冷公？誰是高麗棒子？
請問「新詩三百首」是誰編的？
膽敢挑戰盛唐李杜，你教我怎能不大聲喝采。

而在五十年代，我的好友楊喚，
為了趕看一場勞軍電影，竟被火車輾斃
在西門町平交道上，多可惜！多可惜！多可惜啊！

於是到了六七十年代，詩壇上的花邊新聞多起來了。
聽說有一位大詩人，喝醉了，被人家一推，
從二樓，腳朝上，頭朝下，滑滑梯一般的滑下來，
幸好有兩位小姐正在上樓，四條玉腿擋住了那衝勁，
否則，腦袋碰到水泥地，不一命嗚呼那才怪哩，

又聽說有一位傑出的詩人，
一九八〇年秋，從山中走出來，
未聞蟬鳴，卻撿到了一枚蟬蛻——
東西寫得那麼好，他是誰呀？

古人選美

古人選美，
是用詩投票的。
當項王唱完了垓下之歌，
第一屆華夏之后，
為虞姬加冕的西施，
接著就宣布：
誰是第二名，誰是第三名……
而殺了韓信的
劉邦的妻子呂氏
則名列倒數第一，
因為她
　　太壞了！

三個世紀

有個空洞的人，
站在十九世紀的荒原上，
仰天長嘆。

到了二十世紀
因為吃了太多的炮彈，
他就病倒了。

今天是二十一世紀，
他的律師向全世界宣讀他的
遺囑：
　可憐的人類呀，
　你怎麼還不移民
　到火星上去呢？

晚安火星

每個黃昏，在二千〇三年九月，我憑欄而眺望，面對著南東南或東南東那晴朗的天空，說「Good night, Mars.」。正在太空站上工作著的美國人和俄國人，他們看得十分清楚，太陽系行星第三號的淺藍色和第四號的橘紅色，那種色彩上的對比，真的是美極了。

哦！火星，我們的芳鄰，你好嗎？水星免談，金星太熱，到有一天，地球上人滿為患，你不就是唯一可以移民的目標嗎？

到那時候，我的玄孫的玄孫的玄孫，將會在火星的基地上用他那最新式的手機向地球上的女友報平安，說「I miss you」。

又見黑貓系列之一

又見黑貓，我好高興，當我策杖晨步，一面推敲幾個夢中的詩句。我用英語向牠道了早安。牠就咪唔一聲回答了我：「你好嗎?鄰居老頭。」牠的毛色黑得發亮，四個爪子雪白的，而兩眼炯炯然，黃中帶綠，如半熟的檸檬。

每個工作日的早晨，送走了上班的主人，牠就坐在牠家門口，等候她的歸來。我佇立著，凝視著牠，良久不忍離去。牠就走過來，怪親熱地，繞行我的雙足一圈以示好；然後又回到原先的位置上去，開始假寐了。

我很想撫摩牠一下，卻始終未敢輕舉妄動，因為牠的步姿與坐態，竟是如此之高貴，人類中的王者，怕也沒有幾個能夠和牠相比。我心裏想，萬一觸怒了牠，弄得我怪不好意思的，那我還算個詩人嗎？

馬路上的車輛，南下的，北上的，步道上的行人，來的來，去的去，對於這些不相干的事物，牠才不屑一顧哩。請問什麼是牠所需要的？既非罐頭鮭魚、沙汀魚，亦非主人帶回來的炸魚，而就是被她一把抱起來走進屋子裏去時所感到的一種溫暖。

論弓弦與琴弦

由弓「弦」而琴「弦」，
此之謂從戰爭到和平，
可讚美的。

如果古人沒有發明弓箭，
請問還會有中國二胡及其他弦樂器
可供吾人之欣賞乎？

然而來復槍罪大惡極，
來復槍是可詛咒的；
印第安人的血
從地底下提出了抗議。

楊延輝，坐宮院，自思自嘆……
想當年，在香港，二次大戰前夜，
玩過了橋牌，杜衡唱的「四郎探母」，
那聲調，多麼的蒼涼啊！

問答篇

你問我
為什麼老是想要去
撫摩一下
鄰居家的那隻黑貓；

你問我
為什麼老是想要去
擁抱一下
馬路邊的那棵槐樹；

你又問我為什麼
老是在半夜裏起來小便後
就跑到天台上去看星星

一直看到天亮……
對於這些問題，
我都無法回答，
因為你不是一個詩人。

從前和現在

豁拳我總是豁不過人家，
就連剪刀石頭布也常輸，
從前在台灣，我每飲輒醉，
還上了花邊新聞哩。

如今來美國，
我已不再酩酊了。
萬一醉臥舊金山街頭，
被警察捉將官裏去，
丟了咱們中國人的臉，
這個，我不幹的。

夏威夷詠嘆調

ＡＬＯＨＡ！
以檀香山六弦琴為伴奏，
夏威夷赤腳土著跳的草裙舞，
我最欣賞，
ＡＬＯＨＡ！
躺在Waikiki沙灘上晒太陽，
喝他們的水果酒，
看那些比基尼泳裝女人
走來走去的，是一大享受。
ＡＬＯＨＡ！
珍珠港的沉船

教世人永遠記住：
偷襲
乃是最不英雄，最不武士道的行為。
多麼可恥！

ＡＬＯＨＡ！
至於那些火山，咖啡色的，煤灰色的，
尖尖的，奇形怪狀的，
有的已死了，有的還活著，
又有的聽說死而復活了的，
我一點兒都不害怕。

ＡＬＯＨＡ！
如果有某大學請我做他們的
駐校詩人，也許
我就留下來不走了。

ALOHA！

後記：一九八九年六月，全家赴夏威夷度假，玩得很高興，印象深刻，至今難忘。

二千〇三年十二月，作詠嘆調一首以紀念之。

古人與今人

賈島騎驢而推敲，遇見了韓愈，
而我卻坐在抽水馬桶上想詩；
他們有的是閑暇和餘裕，
而我乃工業社會最忙碌的生物之一。

我們既不採菊，亦不種豆，
而只是爭取時間，講求工作上的效率。
至於什麼田園不田園的，
哈哈！余非葉賽寧之同類。

後記：㈠俄國詩人葉賽寧的名句：「我是最後的田園詩人。」㈡農業社會有農業社會的詩，工業社會有工業社會的詩。作爲一個工業社會的詩人，最重要的，就是意識型態的「工業化」。如果在他的身上，還殘存著有一些農業社會士大夫階級的劣根性，那他就完蛋了。（二千〇三年十二月二十八日，紀弦記於聖・馬太奧老人公寓。）

二千零四年作品

我愛樹

——二千〇四年元旦開筆

我愛樹，我愛那些梧桐樹，那些有鳳凰飛來飛去停停歇歇又離開的梧桐樹。小時候，在揚州宮太傅第後花園中，我曾用削鉛筆的小刀在樹幹上刻過我的名字五棵高大的梧桐樹，如今不知怎麼樣了？他們會記得我的，我相信。

我愛樹，我愛那些檳榔樹，那些像我一樣瘦瘦長長的檳榔樹。二十世紀五十年代，我流浪到台灣，看見他們站在風中，颯颯蕭蕭，搖曳其羽狀葉，使那海島的黃昏如一世界名畫了。於是我稱他們為我的同類，並且名我的詩集為「檳榔樹」，他們好高興啊！

我愛樹。我愛那些梧桐樹，那些檳榔樹，以及其他的喬木。我老是想要變成功一棵樹，和他們排列在一起，那多好玩，多有趣。可是無論我如何禱告，上帝都不肯把我變成功一棵樹。最後，朋友們稱我為「詩壇上的常青樹」，總算給了我一點兒安慰。

在宇宙之邊陲

這顆藍色的行星第三號，
我老是嫌它太小，不夠我散步的。

我小是小了一點，地球說：
雖然比不上木星和土星，
也總比金星和火星大些，
請別離開我，好不好？

是的，我不離開。
因為我的雙足
亦與其他人類，其他動物無異，
永遠不能擺脫地心吸力。
但是我的心靈是有翼的，

它一飛就飛出了太陽系，
再一飛就飛到了銀河外，
再一飛就飛到了宇宙之邊陲。

哇！那麼多宇宙外宇宙，
實在是夠我欣賞的了——
有些正在膨脹中，
也像我們的老家一樣；
有些已經開始收縮起來，
即將凝聚為一點，
然後來他一個大爆炸，
就又是一番新氣象了。

嗯，就要像這個樣子
週而復始地循環著那才好玩哩，
否則的話，上帝說：
我豈不是太無聊了嗎？

向壞人致敬

向壞人致敬。
為什麼？
難道是為了幾片麵包乎？
多麼的不合邏輯。
而總之，此乃一金句也。
其面部之表情，其鞠躬之姿態，
很可欣賞，那小丑。

但我不得不向那些好人提出抗議，
因為他們不讀我的詩，
也不曉得我是老幾，
除了炒幾家股票，競個選，打打高爾夫球，
就是陪女人睡覺。

後記：㈠此詩完成於二千〇四年一月三十一日，很是得意。㈡「向壞人致敬」這一金句，見瘂弦傑作「深淵」一詩中。㈢前輩影響後輩，中外詩壇，這是很普通的情形。但我這個老大哥，有時也會受到小老弟的影響，我不但不覺得丟臉，而且還很感謝他們提供靈感，使我時有新作產生。而常青樹之所以常青，這便是一個例子。

主啊生小貓吧

主啊，生小貓吧！
主啊，生小貓吧！

每一隻貓
都是九個和尚的靈魂
合而為一投的胎，
人們說。

至於愛貓的我，
究竟是多少個詩人投的胎？
我不知道。

想當然，不止九個。

從屈原、曹植
和喝醉了的陶潛開始，
幾十個？幾百個？幾千個？
你們去數吧！

主啊，生詩人吧！
主啊，生詩人吧！

後記：俄國詩人葉賽寧，在一首忘了題目的詩中有這樣一句：「主啊，生小牛吧！」他愛牛，而我是愛貓的，所以我就「抄襲」了他的句法。誰要是罵我一聲「文抄公」，那我也沒話可說了。（二千〇四年二月五日，紀弦記於聖・馬太奧老人公寓之北窗下。）

給後裔

我的多麼有出息的玄孫的玄孫的玄孫：知不知道？你們的老祖宗，大詩人紀弦，從小到老，一直都在夢想，買他一張頭等艙來回票，搭乘超光速太空船，前往那橘紅色的行星第四號，去度假一個月，那多好。

可是他的壽命只有一百年，無法和你們一同週遊太陽系了。多麼的無可奈何啊！不過，如果有一天，你們能在木星、土星、天王星、海王星或冥王星上把我這首九十歲時寫的抒情詩當眾朗誦一遍，那也就算是很孝順的了。

如果有一天

如果有一天我發了財，
什麼是我所需要的？

我需要一間大畫室，
月租美金五千元以上，
和三個模特兒：

一個胖些，如楊玉環；
一個瘦些，如趙飛燕；
一個恰到好處，我特別喜歡，
當我需要時。　那是
我的朋友楚戈、XYZ和
畢伽索都不懂的。

誰是烏龜

我磨劍霍霍。
我下了戰書。
我拋出手套。

為了名譽，我等著他，
也像當年普希金一樣。

二十世紀三十年代，
我站在上海黃浦江邊，
準備和情敵決鬥。

可是他卻上了火車，
不聲不響的溜之大吉了。

十天後，我收到一封信，
不知是誰寄給我的，
打開一看，
只見一張白紙，
上面畫了一隻烏龜，
龜背上寫著我的名字。

人肉包子系列之一

二次大戰期間，
從華東到華西，
遼長的流亡途中，
在湘黔交界處，
我走進了一家黑店，
差點兒變成人肉包子。
如果我要的四兩茅台，
一口乾掉了的話。

人肉包子系列之二

結果那黑店的女老闆
和兩個年輕的店小二
都被當地警察
捉將官裏去了。

倘若我已經被他們做掉，
我的陰魂不散，必定會設法
教一個不喝酒的顧客
在包子肉餡中
發現我的頭髮和指甲

最高金像獎的得主

說吧！還有比他更偉大
更了不起的演員了嗎？
在這個人生的舞台上，
他假裝了一輩子。

假裝快樂，假裝幸福，假裝自由，
那表情，那姿態，就像真的一樣。

他曾扮演過一個孝子賢孫，
他曾扮演過一個賢夫良父，
他曾扮演過一個可愛的爺爺，
兒女媳婿親朋無不以他為榮。

他也曾扮演過一個好老師，
一個好公民，
一個虔誠的基督徒，
和一個……一個什麼？

而總之，就是從未假裝過
一個詩人。是的，從未假裝過
一個詩人。　多麼的
　　　　　　多麼的
　　　　　　悲哀喲！

夢中牡丹

前言：二千零四年二月十五日前往舊金山華埠出席「北美中華新文藝學會」理監事聯席會談，碰見女詩人喻麗清，她讓我知道了一個大好消息：「東灣中華文武學院」蔣雲仲院長家中種有六十多株不同的牡丹，朋友們商得院長夫婦同意，將於四月十一日上午十時，在他們的庭院中舉行一次「牡丹詩會」。麗清要我寫一首與牡丹有關的現代詩，當天和她一同去賞花朗誦，我答應了。可是我從未見過牡丹，只是聽人家說說而已。怎麼辦呢？二月十六日上午三點半，起來小個便之後，就再也睡不著覺。一直在想，想著想著，居然做了一個夢，夢見許多的牡丹，遂成此詩。

怎麼會有那麼多的顏色，那麼多的層次？
有的深些，有的淺些，有的濃些，有的淡些，
而全是一位名叫「大自然」的畫家

在他那神奇的調色板上調出來的。

是的，色彩是太多了。
有的桃紅，有的粉紅，有的橙紅，有的殷紅，
有的紅如梅花，有的紅如茶花，
有的紅如玫瑰，有的紅如杜鵑，
有的紅得像胭脂，有的紅得像唇膏，
也有紅得像個醉漢的臉似的。

除了紅色，其他諸色，亦各有其個性：
有的純白，有的乳白，有的雪白，
有的白如梨花，有的白如玉蘭，
有些紫色紅多於藍，有些紫色藍多於紅；
但是黃色很少，唯一的一株近乎檸檬黃；
也有些如同舊金山灣似的，
從雨過天青色到翡翠一般的綠色，
晝夜、陰晴、寒暑，不停地在變化，

霧來了，就又帶點兒灰色。

啊啊！我夢中的牡丹：
你的色是國色，你的香是天香。
多麼的可欣賞！多麼的可陶醉！多麼的可讚美！
而你那無比的芬芳，馥郁，
竟然賽過了金桂與銀桂，也壓倒了茉莉和夜來香。
你香得很長久，不是像曇花那樣的短暫。
你香得迷人。你香得高級。你香得正派。
那些人造的巴黎香水，
又是什麼明星花露香水之類的，
怎麼能夠和你相比？

啊啊！我夢中的牡丹：
除了視覺與嗅覺，我還可以用我的心靈來傾聽
你的交響樂，小夜曲，和混聲大合唱——
那是肉耳之所無法感受到的。

我知道你來自華夏，你是我國至極可驕傲的特產。
你是落葉灌木，高二三尺，葉羽狀，花大朵，
有單瓣的，有複瓣的，而皆甚美。
你的表情何其莊嚴！你的姿態何其高貴！
你是花中之花。你是花中之王者。
啊啊！花王萬歲！萬歲！萬萬歲！

（二千零四年二月十七日初稿，三月十三日完成。）

年老的大象

年老的大象，
無論走了多遠，
一旦病重，自知活不久了，
就會馬上回頭，
回到牠小時候喝水的地方，
躺下來，靜靜地死去。

至於我，我不也是一個
懷鄉病的患者嗎？

我在地球上散步，
從一個洲到一個洲，
從一個國到一個國，

從一個城到一個城，
看山，看水，看花，看樹，
看那些動物，看那些女子，
到如今，已經沒有什麼好玩的了，
就很想回到揚州，
去看看瘦西湖的風景。

從小提琴到大提琴

小提琴上
快速跳躍的音符們
遠了。

鋼琴、豎琴、琵琶
和箜篌二十三弦上的十指
也不再了。

沒有手風琴，
沒有長笛，
沒有二胡，
沒有簫，
沒有瀏亮的小喇叭，

亦不聞鼕鼕的鼓聲。
沒有休止符號，
沒有大譜表，
亦無主題之重複與變奏。

沒有獨唱，
沒有合唱，
當然也就沒有掌聲，
沒有喝采，
也沒有喝倒采的了。

到如今，只剩下
大提琴上徐徐擦過之一弓，
傾聽！傾聽！傾聽！
竟是那樣的蒼涼啊！……

（四月作品）

自由與不自由

每個早晨，
當我和老伴
在附近的人行道上散步時，
我們覺得很自由；

但是，當我們回到了老人公寓，
打開信箱，收到那麼多的郵件，
上樓，進門，聽見電話鈴在響，
就又感到很不自由。

於是，我想：怎麼搞的？
從小到老，我的雙足，
始終也擺脫不了地心吸力，

無法離開太陽系，
飛往另一銀河系，
去看看風景。

（四月二十七日，我滿九十一歲，成詩一首，十分得意，立即寄往L. A.交「新大陸」發表。）

關於飛

我從小就想飛，我從小就想飛，
有一回，我還曾當眾表演過
一種飛不起來的飛怪滑稽的，
這都有詩為證。

除了駝鳥和企鵝
雖有翅膀卻不想飛，
其他動物、植物、礦物和人造物，
例如寒山寺、黃鶴樓、金門大橋等等
都想飛。

我知道，自古以來，
蒙娜麗莎就想飛，

羅米歐與朱麗葉也想飛，
老李想飛，
老陶想飛，
芭蕉的「古池」，
桑得堡的「霧」，
和悲多芬的「月光曲」……
都沒有不想飛的；
這個也想飛，那個也想飛，
就連我的朋友朱寶雍的陶藝作品
「想飛的金字塔」
也很想飛，也很想飛。

又見黑貓系列之二

說吧！還有比這種友誼更可寶貴的了嗎？——一隻貓和一個詩人之間的。好久沒見他了，我很想念。也許，他的女朋友把他帶走了。也許，他的主人搬了家，連他也跟著離開了加州。也許（但願這不是真的），有一天，他過馬路，沒走斑馬線，被一輛大貨車輾斃了。也許……也許……

啊啊！感謝主！今天，我又碰見他了，當我晨步時。「早安，黑貓！」「早安，鄰居老頭！」老遠的，他看見我，就迎上前來，繞行我的雙足一圈以示好。而我也用我的左手撫摩一下他的頭部，就像往日一樣。而我們——一隻貓和一個詩人——是好朋友。我們互相默契，互相親愛，而這是那些不讀我的詩的人們之所無法理解的。

貓想

貓想：都已經十點半了，怎麼搞的，那個鄰居老頭還不來，還不來？

貓想：每個早晨，九點左右，他就來自北邊，經過這裏，說：Good morning, black cat.接著就用他的左手，撫摩一下我的頭部輕輕地，然後BYE一聲就南下了。我睜大了眼睛，瞧著他的背影，多麼像個三條腿的生物。

貓想：很奇怪，為什麼，我的頭部被他撫摩，總是用左手而不用右手？據說，他的右手充滿了「天才」，他的左手充滿了「福氣」，「天才」是屬於他個人的財富，「福氣」卻是可以分給大家的。又聽說，那些男孩、女孩以及其他寵物，凡是頭部被他用左手撫摩過的都有福了。然則幸運的我不也有福了嗎？哈哈！

貓想：怎麼搞的，今天，都已經十點半了，他還不來，還不來？也許他生病了吧？也許他搬家了吧？也許他旅行到南極看那些企鵝去了吧？也許他旅行到澳洲看那些袋鼠去了吧？也許……也許……可是我不能等他了，我的肚子怪餓，而我的主人想必早就為我準備好了一份 **Brunch** 了。

假牙及其他

James Lu 的假牙
掉入他早餐的咖啡杯中，
是因為星期三
股票漲停板之故。

William Marr 的假髮
被一陣狂風吹走，
他就索性光著頭
上火車回家去了。

Linda Wang 的義肢跌斷，
只怪她自己不小心。
可是 George Yep 的腹痛，

卻是假裝給他太太看的。
複製羊桃莉的夭折
很令人傷心。 東鄉青兒呀：
即以牠為題材，給我再畫幾幅
「超現實派的散步」好不好？

後記：(一) James Lu 是我大兒路學舒的英文名，William Marr 是我好友詩人非馬的英文名，我拿他們兩個開開玩笑沒關係。其實戴假髮的另有其人，也是我的好友之一。究竟是誰？你們猜吧！(二) Linda Wand 和 George Yep 這兩個人都是我假造出來的。(三)東鄉青兒是二十世紀三十年代日本名畫家之一，我很喜歡他。(四)從「假牙」到「假髮」、「義肢」，這叫做「主題之重複」；而「腹痛」和「夭折」，這叫做「變奏復變奏」。詩人張默在論及紀弦之詩藝時，說他「時呈飛躍之姿」，這便是了。（二千零四年六月十二日，紀弦記於聖・馬太奧老人公寓之北窗下。）

記一位詩人

從山中步出
撿到了一枚蟬蛻
卻未聞蟬鳴

入山復出山
本來就不為什麼
這才是詩人

後記：㈠日本俳句乃世界上最短的詩形，以五七五十七個「假名」分三行組成，較之中國五絕爲更短。美國人寫俳句，以十七個 Syllable 爲準則。當然，我是使用十七個漢字的。但是這種定型詩，我並不常寫，偶一爲之而已。㈡日本俳句作者甚多，其中尤以寫「古池」的松尾芭蕉（一六四四——一六九四）爲我所最欣賞。㈢至於我所「記」的「一位詩人」究竟是誰，圈子裏的朋友們想必不會不知道吧。（二千〇四年六月二十五日，紀弦記於聖·馬太奧老人公寓之北窗下。）

論詩人之決鬥

普希金當年
用的是一把手槍
似乎不太美

我磨劍霍霍
要去和蕭某決鬥
可惜他走了

不久來封信
畫了一隻大烏龜
寫上我的名

又在電話裏

罵我一聲忘八蛋
就算他贏了

後記：㈠俄國詩人普希金與情敵決鬥的故事，大家都知道，我就不多說了。㈡蕭某並非一個代號，實有其人。我曾寫過一首「三個情敵」，見「半島之歌」頁一三二，皆為眞人眞事。（二千〇四年六月二十六日，紀弦記於聖·馬太奧老人公寓之北窗下。）

紅茶讚美

從祁門到 Lipton，
從神州到新大陸，
從小到老，我的早餐，
總少不了一杯紅茶。

紅茶使我身體健康。
紅茶使我心情愉快。
紅茶使我詩思如潮。
啊啊，紅茶萬歲！

我愛祁門，
我也愛 Lipton，
我給他們兩個打的分數，

誰也不比誰高。　但是
如果有人泡了兩杯紅茶，
放在我的面前，說只許
喝一杯，那我就只好
捨 Lipton 而取祁門了。

為什麼？
因為我是中國人啊。

老伴頌

守著老伴守著她
守著老伴守著她

她管我就像管小孩子一樣
她餵我就像餵一條狗似的
人家說少年夫妻老來伴
是的你教我怎能沒有她

守著老伴守著她
守著老伴守著她

有時兩個人吵架很不高興
只要我讓她一步就沒事啦

如今她老是老了一點兒
在我的眼中還像一朵花

還我釣魚台

還我釣魚台！
還我釣魚台！
凡我中華之領土，
每一寸都是神聖，
不可侵犯不可侮！

還我釣魚台！
還我釣魚台！
黃帝子孫齊怒吼：
我們先禮而後兵，
一定把她拿回來!!!

論松鼠與人類

當松鼠進化到直立起來，
人類卻退化到匍匐下去，
請問這究竟是怎麼搞了的呢？
我不知道，
去問劉荒田吧。

我親眼看見的，
那些戴著方角帽的小伙子，
一旦出了學院，去找工作，
就到處向人家鞠躬。
而我的朋友秀陶、陳銘華、
非馬、柳易冰等等，
為了飯碗，誰敢不聽老闆的話；

就連「創世紀三傑」之一的
瘂弦，不也曾「向壞人致敬」乎？

至於我，雖已退休多年，
可是每天早餐後，
還要向老婆宣誓效忠，
為的是，出門前，
「一小杯的快樂」——
這個嘛，你們也不懂。

時間的相對論

夜半起來小個便，心想：
太平洋的那邊，此時此刻，
已是明日下午六點多了吧？
而在風中、浪中、畫中，
那些捕鰻的船亦當歸來了吧？
放些蔥花薑片烹煮的鰻魚湯，
我最愛吃，最下酒的，
豈非天下第一美味乎？
啊啊揚州、鎮江、大港、安平、
江南、江北、我夢中的故鄉：
不知要到何年何月何日
才能讓我再回到你的懷抱裏去
大笑三聲，痛哭一場？……

後記：㈠在美國，我還能吃到來自台灣榮獲金牌獎的「同榮特製紅燒鰻」，也算是很有口福了。而自現在的罐頭紅燒鰻，想到從前的新鮮鰻魚湯，這不也是一件很自然的事情嗎？㈡此詩原題爲「午夜鄉愁」，現在修改完成，換了一個題目，覺得這樣好些。㈢是的，我是揚州人。但年少時，經常往來大江南北，而又僕僕風塵京滬線上，對於鎮江、大港、安平一帶，亦頗感親切，所以我就把故鄉的範圍擴大，而不止揚州一城了。（二千〇四年七月二十四日，紀弦記於聖・馬太奧老人公寓之北窗下。）

MIXTURE

兩種酒
是可以合而為一的；
但是兩個女人
怎麼辦？

為了慶祝勝利，
一九四五年八月在上海，
我曾把三分之一的徐州高粱
加入三分之二的山西汾酒，
舉杯一飲而盡，
覺得非常過癮。

於是乘興走進我自己的畫室裏去，

把那幅尚未殺青的裸女一口氣畫好了：
趙飛燕的苗條身材
加上楊玉環的回眸一笑，
不就成功了嗎？哈哈！
而在一次人體畫展中，
我這幅題為「舞姿與表情」的傑作，
是以美金一百二十元售出的。

（二千〇四年八月八日完成）

在詩的世界裏

在詩的世界裏，
我有權如此設計：
教吃素的羚羊、鹿和野牛，
用牠們的角，天生的武器，
去把那些吃肉的獅子、老虎、豹，
一個跟著一個的戳死。

那不是不可能的：
教熱帶降雪一百天，
同時兩極進入盛夏；
那不是不可能的：
教松柏科都變成落葉喬木，
而短命的曇花開得更長久；

那不是不可能的：
教我的玄孫的玄孫的玄孫們
都長出來一對強有力的翅膀，
比之大鵬鳥的還要大些，
而以超光速的速度，
一飛就飛出了太陽系，
在外面兜幾個圈子又回來了，
那多好玩，多有趣。

是的，在詩的世界裏，
我有權如此設計。

咦？怪了！怪了！怪了！
你有個什麼權力？
政治的嗎？宗教的嗎？
不！那都不是。
那些國王、首相之類的，

那些神父、牧師之類的，
想要和我做個朋友，
或是打算送給我一個什麼獎的，
我才不屑，才不屑哩！

哈哈！這便是一個
從二十世紀到二十一世紀，
從十六歲到九十一歲，
寫詩寫了一輩子的我。
一個童心永在，詩思如潮的我。
一個人性中之神性高達77%的我。
而我，君臨詩的天下，
當然有權處理萬事萬物；
甚至於否定了自然律，
也不是不可以。

二千〇四年九月完成

向上帝提出抗議

作為一個虔誠的基督徒，
我怎麼可以說出這句話？
但我終於說了，

我其實並非任何異教之同路人，
這一點，全世界以及其他星球上的人類
都知道。

但我不得不向上帝提出抗議，
無論他生氣不生氣。

唉唉上帝，我所崇拜的上帝：
你既然創造了一個像我這樣的詩人，

一個你所特別寵愛的詩人，
怎麼又教一個女人來管我？
她每天只許我喝一小杯，
多麼的不過癮！

（二千〇四年九月作品）

又見潘佳

又見潘佳，又見潘佳，
好一個中國女孩，
姓潘，名佳。

「爺爺早，」潘佳說：
「今天不賣郵票。」
「是嗎？那我就……」
「哈哈！騙你的。」
多麼的調皮而又可愛啊，
這個不姓路的孫女。

於是步出郵局，
迎面來了一對羅米歐與朱麗葉，

他們向我道了早安，
我則報以微笑，並給以祝福。

是的，我是個祝福者。
我祝福潘佳。
我祝福羅米歐與朱麗葉。
我祝福全世界全人類，
除了殺人如麻的希特勒，
罪大惡極的日本軍閥，
以及二十一世紀的好戰者。

（二千〇四年九月作品）

和撒但乾杯

居然，膽敢
和撒但乾杯？

是的，我乾了；他也。

如果是在中古時代，
不被異端裁判所抓了去
處以火刑那才怪哩。

但今天是二十一世紀，
我有的是喝酒的自由，
我愛和誰乾杯就和誰乾杯，
你管不著。

是的，我管不著。你很自由。
但他是個魔鬼呀，
青面獠牙的，多可怕！

不，一點兒也不可怕。
他也是個白面書生，
和你們一樣。
他的形象千變萬化，
就連孫悟空都甘拜下風。
而只有和我相處時，
才是個文化人的打扮。

可是，你既然和魔鬼做朋友，
稱兄道弟的，乾了一杯又一杯，
難道就不怕被上帝懲罰嗎？

哈哈，上帝！他才不會懲罰我哩。
我是上帝的桂冠詩人。
你有沒有讀過我的「一元論」？
當初上帝創造宇宙萬有，一切眾生，
就連我的朋友撒但不也是他創造的嗎？
他給了他以幾乎和他相等的權力，
教他不斷地造他的反，故意和他作對，
就是為了要考驗考驗他的創造
究竟有無缺點，是否完美，
已經或者尚未止於至善。
這個，
你懂嗎？

（二千〇四年九月初稿，十月完成。）

致福運門

總有一天，我會欣然出現
在你所能望見的南地平線上。
可是福運門啊：
你已經不存在了！

史可法抗清兵的城牆，
既不高，亦不厚，
早就被拆掉了，
連一塊磚頭都不剩。

但我永遠不會忘記
二十世紀三十年代
我經常進出的福運門

和那些往事他看見的。

總有一天，我會乘一帆船，
橫渡長江，登陸六圩，
提著行囊，吹著口哨，
沿著公路，緩步而歸，
就像七十年前一樣。

想當然，不會有那麼多
父老、兒童、婦女和記者
站在運河南岸，
長途汽車站上，
迎接像我這樣一個
少小離家的揚州人。

後記：㈠我是揚州人。我祖籍陝西，但我從未到過，故不能算個「秦人」。一九二四年，我家定居揚州，決定了我一生。直到一九三七年，遷居蘇州後，我的「揚州時代」，方才告一段落。但是我的籍貫，永遠是「揚州」二字。㈡福運門乃古城揚州幾個城門之一，又稱新城門，距離我家甚近。而凡是想要前往江南的人，必須出福運門，過運河，搭長途汽車，到六圩，乘渡輪過長江，在鎮江上火車，去上海或南京。而當我讀蘇州美專時，暑假寒假乃至春假，我進出福運門，何止二三十次，由此看來，對於我，其重要性可知。至於送走一個父系的表姐，吻別一個母系的表妹，那些小說上的情節，就不必多講了。㈢是的，對於故鄉揚州，我十分的懷念。有生之年，我一定要回去看看。（二千〇四年十月，紀弦記於聖・馬太奧老人公寓之北窗下。）

寄詩人胡品清

你窗外的那棵早櫻，
如今怎麼樣了？
她是不大喜歡熱鬧的，
和你一樣，我知道。

至於山上的那些杜鵑，
紅的，白的，紫的，
向全世界說 Welcome 的，
我也時常夢見。

而總之，來不及看早櫻，
聽聽杜鵑的大合唱也是好的，
當我忽然從天而降，
二千零五年春。

（二千〇四年十月作品）

布人系列

之一

有個田徑場上的敗將，
聽信妖道的鬼話，
做了一個布人，
寫上他既妒且恨那傢伙的名字，
用三根針刺入其頭胸腹部，
並加以詛咒；
七天後，那金牌獎得主便死了。

於是妖道哈哈大笑，
而敗將卻哭了起來。

之二

有個詩人問他哭什麼。
他說他很後悔，受良心的責備。
詩人曰：何不即以其人之道
還治其人之身乎？
敗將恍然大悟，
就把布人身上的名字換了一個。

這麼一來，正在舉行告別式，
即將火葬，那位被詛咒的
十項全能運動選手便復活了；
而妖道卻翹了辮子。

之三

小時候，我也會
做一個布人，

寫上我表妹的名字，
把她放在枕邊，
覺得很好玩。

結果被母親發見，
不挨一頓揍才怪。

之四

又聽說鄰居家
梳兩條辮子的女生
也做了一個布人，
寫上我的名字，
還抱著他睡覺。

但不知她媽媽
是怎樣處罰了她的。
而總之，不久，

她們就搬家了。

後記：現代詩並非都是「難懂的詩」。故意令人難懂，還自以爲很前衛的，在我看來，實在可笑得很。但是，從「邏輯」到「秩序」，以「詩想」代「詩情」，此乃詩的進化，爲我所一向主張的。另外，「主題」之重複與變奏，也是我經常使用的手法。這篇新作，即爲一例。（二千〇四年十月）

致詩人吳奔星

人家奔月你奔星，
請問你奔的是那一顆星？

想當然，一定不會是咱們太陽系裏
那些不發光的行星與衛星，
而是銀河系中之大明星：
天狼、織女或北極星；
還有獵户的腰帶，你也不會不喜歡。

然後，你就前往宇宙深處，
去赴詩神之邀宴。

在那四度空間至極華美

不可思議的旋轉廳中，
李白、杜甫、朱淑貞、李清照、
徐遲、戴望舒、楊喚、覃子豪、
普希金、葉賽寧、瑪牙柯夫斯基、
波特萊爾、高克多、阿保里奈爾、
惠特曼、桑得堡、T．S．艾略特、
里爾克、泰戈爾、芭蕉、草野心平……
他們大家都在舉杯歡迎，
說來吧吳奔星。

後記：㈠收到吳心海教授從南京寄來的航空信，驚悉他的父親我的老友詩人吳奔星走了，我心裏很難過。二十世紀三十年代，大家一同寫詩的朋友，到如今，除了我和番草（鍾鼎文當年的筆名），只剩下不到三個了。㈡一九三六年六月，我自日本歸國，七月去北京，接了母親和弟妹南來，然後全家遷居蘇州，從此以後，我的十分重要的「揚州時代」遂告一結束。而在北京停留期間，和初次見面的吳奔星、李章伯二位詩人在一起玩得很高興。那時候，他們合編的「小雅詩刊」已出了第一期。而在蘇州，我和韓北屏合編的「菜花詩刊」，九月裏出第一期。後改名為「詩誌」，於十一月出第一期，一九三七年一月出第二期，三月出第三期，以後就不出了。「詩誌」和「小雅」都是雙月刊。而戴望舒在上海主編的「新詩月刊」，一九三六年十月出創刊號，直到一九三七年七月方告停刊。「小雅」何時停刊，我已不記得了。而總之，正是由於這三大詩刊的先後出現，互相合作，表現良好，我認爲，一九三六、三七這兩年，可說是中國新詩的收穫季：詩壇上新人輩出，佳作如林，呈一種五四以來前所未之有的「景氣」。當然，吳奔星、戴望舒、路易士（我當年使用的筆名）這三位詩人，眞的是功不可沒的。(三)「菜花詩刊」和「詩誌」，每一期都有吳奔星的作品，發表於「詩誌」創刊號的「七夕吟」和「詩誌」第二期的「夢後」這兩首，我最欣賞。而發表在「新詩」和「小雅」上的其他名篇與金句！因我手頭已無存書，就無法一一舉例了。至於吳奔星的詩風，採取象徵派與意象派的表現手法，大體上也和戴望舒、路易士等「現代派詩人群」的抒情詩頗爲相近。而且，大家寫的都是「自由詩」而非「格律詩」，這一點，我特別重視，因爲我們都是寫「新詩」而非寫「舊詩」的詩人，硬是不許「押韻」！好啦，到此爲止，我不再說什麼了。願我的老友，在天上，聽見我的聲音，笑個微笑。（二千零四年十月三十一日，紀弦記於聖・馬太奧老人公寓之北窗下。）

寵物篇

就像我時常用罐頭沙汀魚嘉獎立功的狸奴一樣，
我妻也時常做幾個紅燒獅子頭給我下酒，晚餐時，
她說她希望我明天早上能夠寫出來一首好詩，
並且拿到諾貝爾獎。

是的，我乃我妻之寵物；
而我妻卻成了我的寵物之寵物。
何以言之？蓋因：
有一天，狸奴竟然把牠沒吃完的半個小老鼠
放在女主人的梳粧台上——
大概是想要留著這美味供她宵夜之用的吧？

後記：㈠此詩從九月開始，一直寫到（想到）十一月，方算完成，其辛苦可知。㈡從前在台灣，我曾養過好幾隻貓，狸奴是其中之一。另外的幾隻，如金門之虎、小白等，都很有名。（二千〇四年十一月十六日，紀弦記於聖・馬太奧老人公寓之北窗下。）

木星上的女人

木星上的女人
用無線電和我談戀愛。
她說她最喜歡裸奔、裸泳、裸舞、裸睡
——多麼的前衛啊！

她說她不是不可以來地球做我的補房，
如果有一天我的老婆走了的話。
她說她真的很愛我，
除了紀弦，不嫁第二個人。

但她是那麼高大，巴黎鐵塔似的，
而我卻相對地藐小得如侏儒了。
她只要用兩個手指頭把我輕輕地一捏，
那我不就粉身碎骨了嗎？

第三街一題三首

其一

不知有多少好詩，
多少傑作，全失落了，
在這條馬路上，
他名叫第三街。

那些金句，
都是用腳寫出來的，
一行行，一字字，
多可惜啊——
你們去考古吧！

其二

女的提著購物袋，
男的挽著她，
一對中空的銅人，瘦瘦長長的，
站在路邊，
天天向我道早安。

我也把他們當做老朋友看待：
試以手杖輕敲，
彼乃作鼕鼕響。
那當然不會是羅丹的作品。
但就憑著這位藝術家的設計，
遂美化了第三街之街景。

其三

第三街的黃昏又如畫了。

繁星般的燈光下，
一對對羅米歐與朱麗葉，
說著笑著相互摟著走過去，
供我檢閱與欣賞，
我就為他們祝福了又祝福。
說吧！這小城的市中心，
不是很值得讚美的嗎？
忽然聽見早報上遠處的炮聲，
我的兩眼遂有點兒潮濕了。

毋忘甲午

關於中國潛艦「誤入」日本領海，
發言人回答記者問：
那不是故意的，
由於技術上的原故。

沒什麼可道歉，
沒什麼可解釋，
詩人說。

而在龍宮貴賓室中，從電視上
聽到了這消息，看見了這畫面，
一百一十年前北洋艦隊全軍覆沒
戰敗自殺的海軍提督丁汝昌

不禁拍手哈哈大笑，
而且開了香檳，
和袍澤們
大大地慶祝了一番。

給孩子們

孩子們，我的多麼有出息的孩子們：
快到游泳池裏去把蛙式和自由式練練好，
而且還要養成潛水三十分鐘的能力，
將來長大了，穿一身海軍制服，
那多神氣，多帥，多麼的英雄氣概，
多麼的像個男子漢大丈夫的樣子，
教你們的老爺爺在天上瞧著好高興。

哦孩子們！我的多麼有志氣的孩子們：
將來長大了，你們當了海軍將士，
一定要好好地保衛我們神聖的領海，
保衛東海、黃海、南海和台灣海峽，
以及東沙、西沙、南沙、大大小小的海島，

不許任何國家任何人侵犯他們；
還有那被偷走了的釣魚台，
也要把他拿回來！

後記：此詩和「毋忘甲午」，都是二千〇四年十二月十日的作品。詩成，於抄寄詩人陳伯豪以前，朗誦一遍給老伴聽，爲之熱血沸騰，淚下如雨。紀弦時年九十一歲。

我與上帝系列之第七號

我乃上帝之桂冠詩人。
上帝愛我。我讚美上帝。
我不是那些專門歌功頌德拍馬屁
站在國王、總統或主席身邊的
所謂桂冠詩人。

上帝說：「凡詩人都是好的，
而以紀弦為我所最寵幸。」
上帝使我長壽，
上帝使我多詩，
我感謝上帝。

但有時我也會同上帝爭吵，

因為我需要一對翅膀，
祂沒有給我。

那些鳳凰都在飛，
那些麻雀都在飛，
就連那些非屬鳥類的蝙蝠也在飛，
而只有企鵝和我不會飛。

瞧！我使勁地撲著兩臂，
跳起來划著兩腿，
飛了一個飛不起來的飛，
多麼的滑稽啊！

而今而後

讓工廠的煤煙
把月亮熏黑了那才美的
美學，李白是不懂的。

而當火車狂吼著馳過去
乃造成我種了許多玫瑰的後院
一種輕微的地震，這也是
悠然見南山的詩人
之所無法想像的。

於是到了三千年後，
我的那些玄孫的玄孫的玄孫
的玄孫的玄孫……

當他所駕駛的超光速宇宙船
自仙女座大星雲旅遊歸來，
一定會說：
居然要花上十六個小時，
咱們的老祖宗回國探親，
所乘坐的古董飛機多慢啊！

致天狼星

天狼星啊：
你多明亮，你多美！
我從小就把你
列入我的朋友名單之中了。
每夜每夜，良久良久，
我用我的袖珍望遠鏡看你，
向你問好，道晚安，
你知不知道呀？

天狼星啊：
你多明亮，你多美！
你是天上之狼，
而我乃地上之狼。

我寫了一首〈狼之獨步〉，
因我有一雙狼一般瘦瘦長長的腿。
我想：咱們兩個，
豈非上帝所創造的
一對雙胞胎乎？

天狼星啊：
你多明亮，你多美！
你的伴星繞著你的主星轉，
也像我的女人不離開我身邊。
也許會有一天，
上帝把你的伴星分裂為數顆行星，
也像我們的太陽系一樣，
那多好！不過，我想：
在那些行星之中，
如果有一顆也有水有生命有人類的話，
但願他們只知道愛與和平，

而不曉得什麼叫做戰爭與仇恨。

後記：㈠此詩完成於二〇〇四年十二月二十七日，是我在這一年之中所寫最後幾首中之一首而且也是我生平所寫宇宙詩中十分得意的一首。㈡大多數的恆星都是孤孤單單的寡人一個，而只有極少數是像天狼一樣的兩夫妻：伴星繞著主星轉。但這和距離甚近的兩顆恆星被稱爲「雙星」的大不同。

二千零五年作品

關於推敲

他推也好，他敲也好，
而總之，那是個「月下門」。
如果一推就進去了，
小沙彌想必還沒睡；
如果敲了半天才有人來開，
和尚也許會生氣的。

請問師父您到哪兒去了？
這麼晚才回來！

他喝了酒，吃了肉，在城裏；
甚至於還……還怎麼啦？
「池邊樹」上的小鳥說：

還有一些餘興節目，
有賈島和韓愈陪著他。

後記：㈠賈島騎在驢背上，一面吟詩，一面作推敲狀，那最初的兩句是：「鳥宿池邊樹，僧敲月下門。」㈡此詩初稿於二千〇四年十二月底，瘂弦看了，認爲第三節十分不妥。他說的對，我謝了他。我改了又改，終於改成這個樣子。我就再寄給他去過目。他點了頭，說很好。此之謂「得失寸心知」。（二千〇五年一月二十七日，紀弦記於聖・馬太奧老人公寓之北窗下。）

狼之長嗥

我獨來獨往了一輩子，
就憑著這兩條狼一般瘦瘦長長的腿。
而你們那些短短的肥肥的，
怎麼能夠和我相比？

我其實並沒有和誰賽跑的意思。

只不過彳亍在這
既藐小又荒涼的第三號行星上，
除了朝著天狼——
我那天上的雙胞胎弟兄
長嗥數聲，
就再也沒有什麼好玩的了。

後記：我的那首名作「狼之獨步」，一九六四年作於台北，朋友們看了都很喜歡。四十年後的今天，我居然又完成了這首新作，可算是「狼之獨步」的姊妹篇。（二千〇五年一月二十七日，紀弦記於聖・馬太奧老人公寓之北窗下。）

不可酩酊

不可酩酊！豈可酩酊？
但是有這麼一點兒微醺
總是好的。微醺中，
我那推敲復推敲的
四行金句遂告完成了：

酒德日以高
詩心猶未老
問君復何求
晚節須自保

是的，不可酩酊！豈可酩酊？
萬一有一天醉臥舊金山街頭，

被警察捉將官裏去，
丟了咱們中國人的臉，
那我還算得上是一個
傑出的飲者嗎？

（二千〇五年一月三十一日作品）

廣場上的八棵大樹

廣場上的八棵大樹，
既是我的朋友，
而也是我的詩的讀者。

每當我在此行吟，推敲，
佳句偶得，非常高興，
他們就一同喝采，說硬是要得。
我想：如果沒有一家出版社
願意印我的新書，
我就把我的詩一首一首地
朗誦給他們聽聽好了。

我實在不知道

他們是否屬於松柏科的，
因我並非植物學家。
但我真的很愛他們——
每一棵我都曾使勁地擁抱過，
並用小刀刻我的名字在樹幹上；
有時我躲在他們後面違警，
他們也不會生我的氣。

（二月十九日完成）

我的詩

我的詩
好比巴黎香水，
那絕非波特萊爾的狗
之所能欣賞的。

但有二三知音，
如瘂弦和吳慶學，
在此世，我活著，
也可說不太寂寞了。

（二千〇五年二月二十一日）

詩人是個什麼東西

有個諾貝爾獎提名人
遇見一位記者——
藍功中嗎？劉開平嗎？
不記得了。

恭喜恭喜，大詩人，您一定會得獎。
得了獎，可別忘記請我喝一杯！
當然當然，謝了謝了。

於是，這位記者
又去訪問他的老婆。
她說：諾貝爾，我不懂。多少錢？
至於詩人，
詩人是個什麼東西？

第三街上的一對銅人

第三街上的一對銅人，
瘦瘦長長的，和我一樣。
但我必須抬起頭來，
才能看見他們的臉。
女的手提著購物袋，
男的摟著她，笑著微笑，
試以手杖輕敲，
彼乃作鼕鼕響。

想當然，那不是
沈思者羅丹的作品。
然而對於這位
名不見經傳的藝術家，

我還是相當的欣賞，
因他美化了半島上
咱們這座小城
這條商業大街的街景。

（二月二十四日）

雨夜狂想曲

淅瀝淅瀝雨淅瀝
淅瀝淅瀝雨淅瀝
來自加拿大的王慶麟說：
做夢之必要！睡眠之必要！
來自臺中市的吳慶學說：
紀弦的夢最美，很是令人陶醉。

淅瀝淅瀝雨淅瀝
淅瀝淅瀝雨淅瀝
於是到了二零一三年，我滿一百歲。
我已成為文學史上第一個人瑞作家，
怎麼可以不呢？
來他一個空前盛大的生日派對。

看哪！在我那鄉間別墅，
懸掛著有莫洛夫的中國書法、
愛德華・孟克的〈叫〉、
達・文西的〈莫娜里莎〉
及其他世界名畫的大客廳裏，
游泳池畔，玫瑰園中，
凡被邀請的貴賓都到了，
數數看，正好是一百位。

喝了點兒加州紅酒，
女士們很想跳舞。
可是這裏的男生太少，怎麼辦？
我就電傳臺北，租了一架包機，
把那些詩人接過來，由張默領隊，
辛鬱、商禽、管管、向明、蕭蕭、楊平、
周夢蝶、林亨泰……都到了；

而只有陳義芝忙於編務不能來。
我又花了大把銀子，
請了一個著名的黑人樂隊來伴奏，
於是熱鬧起來了。

旱鴨子張拓蕪雖然不會游泳，
但是交際舞卻跳得滿好，
尤其擅長狐步與三拍子的華爾茲，
他陪著美國女詩人羅斯美麗
跳了一曲〈藍色多瑙河〉，
真的是棒極了。
而楚戈，一個箭步上了台，
朗誦了我的〈狼之獨步〉
及其他幾首傑作，
模仿我的聲調與姿態，
雖然有點兒滑稽，
卻是維妙維肖的。

他們兩個表演完畢，
都搏得滿場一致的掌聲與喝采。

朋友們要我講幾句話。我就說：
是的，從邏輯到秩序，這便是詩的進化。
但是為秩序而秩序，完全置邏輯於不顧，
這麼一來，就沒有詩情、詩意、詩境，
而也沒有詩味了。

把聯想切斷吧，他們說。
可是斷了線的風箏，就再也不歸來了，
斷了線的電話，就再也聽不見了。

聽不見了嗎？
聽哪！窗外，雨淅瀝。
於是開了香檳，切了蛋糕，唱生日歌，
真的是很好玩，很過癮，很是令人陶醉。

名記者藍功中用他的錄音機
把我的那些高論錄了下去，
說明天見報，發頭條；
預定的大標題是：
人瑞作家第一位
紀弦萬歲詩萬歲

三個關於

一、關於頭髮

頭髮也可以入詩嗎？
當然可以，詩人劉荒田說：
白髮三千丈，那多美！

我就說：咱們的頭髮，
硬是不同于希特勒的，
而也不同于史太林的。

他們的頭髮代表一種權力，
然而我和劉荒田的，
卻是一種智慧的象征。

二、關於象棋

七歲的曾孫
已經認識不少漢字，
我就教他玩象棋，
而且講了一段
楚漢相爭的故事
給他聽聽。

然而他既不跳馬，
也不出車，
既不開炮，
也不動兵，
說時遲，那時快，
拿起他的項羽來，
一下子飛過河，
就把我的劉邦吃掉，

說他贏了。

三、關於謀殺

那些善妒的低能兒，
想做詩人做不成功，
於是抹黑我的姓名，
丑化我的形象，
又在我的路上
掘就了一步一陷阱，
而且下毒在我的杯中，
要我的老命。

但我笑笑，
舉杯一飲而盡，
大踏步向前走。

圓舞曲

全世界全人類
環繞著第三號行星
手拉著手跳圓舞，
這是上帝瞧著最喜歡的。

可是希特勒不跳，
史太林不跳，
劉邦不跳，
項羽不跳，
XYZ也不跳。

那不也是一種
相對論的表現乎？
愛因斯坦說。

（四月十日初稿）

上帝說

上帝說光是好的，
於是就有了光。
上帝說詩人是好的，
於是就有了紀弦。

紀弦說：
我是上帝的桂冠詩人，
不是那些站在國王、總統、主席身旁
歌功頌德拍馬屁的所謂桂冠詩人。

接著又說：
上帝愛我，我讚美上帝，
即使上帝不愛我，我也還是要讚美上帝。

為什麼？
因為我是上帝造的，
不是猴子變的。

（四月十二日初稿）

微醺辭

微醺微醺飄飄然
微醺微醺飄飄然
飄飄然的老陶採菊東籬下；
飄飄然的老李舉杯邀明月；
飄飄然的老路
在地球上看風景。
　看山、看海、看草原，
騎著駱駝在沙漠上
看那些多刺的仙人掌
看南極的企鵝，看澳洲的袋鼠，
看不同的民族和他們的文化，
給他們的妞兒們打分數，
聽他們唱歌，看他們跳舞，

而且，喝他們的酒；
微醺微醺飄飄然
微醺微醺飄飄然
　從一個洲到一個洲，
從一個國到一個國，
從一個城到一個城，
拿著根手杖，邊走邊行吟，
而在舊金山半島上
接受名記者劉開平的訪問。
他說：這個太陽系第三號行星
實在是太小了，不夠我散步的。
我要飛！

　　微醺微醺飄飄然
　　微醺微醺飄飄然

贈詩人劉荒田

什麼是「屬詩的」，
什麼是「屬散文的」，
你知我知，
有些人未必知。

他們把「散文的酒」
裝進「詩的瓶子」裏去了，
多麼可笑！

而當優勝美地的松鼠
人模人樣地直立起來，
那些假洋鬼子
連看都不看牠一眼

就走了。

於是我們舉杯喝采，

說荒田硬是要得。

後記：二千〇五年四月十五日早起，把想了半夜的初稿記下來，又抄了一張寄給荒田，不是不可以作爲二人友誼之有詩爲證的。而今天又加上第二節三行，這才算是眞正的完成了。（四月十六日）

詠史篇

歷史上，
有的屬詩，
有的屬散文：
后羿射日，嫦娥奔月，
這是屬詩的；
但是秦始皇統一天下，
這卻是屬散文的。

凡屬詩的
必定高於屬散文的：
為了爭奪美女海倫而發生的
托洛哀戰爭是屬詩的；
但是十字軍東征一次又一次

卻是屬散文的。

至於楚漢相爭，在我看來，
做了皇帝的劉邦是屬散文的；
而自殺了的項羽卻是屬詩的。

凡屬詩的我都讚美，
凡屬散文的我都不喜歡。
為什麼？
你們去想想吧！

（四月十九日）

關於位置

把一個十分重要的動詞
放在一首詩的
最適當的位置上
使成為一件藝術品
是萬分辛苦的。

而這也像戴望舒
把他的嘴唇
放在一個女人的
最適當的位置上
是非常的過癮。

然則有誰會把我同戴望舒

放在中國文學史上
一個最適當的位置上呢？
他一向不關心，
而我也毫不在乎。

又見黑貓系列之三

又見黑貓，我好高興。
「早安鄰居老頭！」牠走過來，
繞行我的雙足一圈以示好；
而我也用我的充滿了福氣的左手
撫摩了牠的頭部與頸部。

牠全身黑，兩眼微綠，
四個爪子雪白的，
這叫做「烏雲蓋雪」，
乃是貓中之貴族。

是的，我愛貓，
無論貴族或平民，我都愛，

我從小就與貓為伍，
冬天，我還抱著貓睡覺哩。
阿花、小白、狸奴、金門之虎……
都是我的好朋友，而都死了。
願牠們的靈魂
在另一世界得到平安！

啊啊，上帝：
　請把我也變成一隻貓吧！

（此詩初稿於今春，直到六月上旬方算完成，好辛苦！）

很想做一隻貓

如果你問我！
什麼是你這一生最最得意的一件事？
那便是：
我終於獲得諾貝爾獎提名通過
並且發了一筆小財
在那夢中。
如果你問我：
什麼是你這一生最最後悔的一件事？
那便是：
唉唉！……不說了。

如果你一定要我說
什麼是我對於來生所抱的希望，
則我的回答是：
很想做一隻貓。

（二千〇五年七月十四日完成）

給狸奴

做人不快樂，
很想變成一隻貓。
但是做貓，
究竟快樂不快樂？
子非貓，
安知貓之樂或不樂？
説吧！我的寵物狸奴：
你快樂嗎？

兩個徐州人

中國內戰期間，
一個蔣軍和一個毛軍，
因為解手，
在森林中巧遇。
二人同鄉，
說的都是徐州話。

一個說，死傷的太多，太慘了！
另一個說：都是咱們中國人嘛，
連一個日本人或一個俄國人都沒有。
一個說：都是咱們老百姓嘛，
連一個官僚政客都沒有。
另一個說：很簡單！

教老蔣同老毛
來他一個單人決鬥，
誰贏了誰就做皇帝，
那問題不就解決了嗎？

茶與咖啡

東方人飲茶，
西洋人喝咖啡；
咖啡濃烈，給人以「霸道」之感覺，
而茶乃「王道」精神之象徵。
吾人飲茶，講求「茶藝」與「茶道」，
但是喝咖啡，那就沒有什麼藝術之可談了。

今天是中秋節，朋友們雅集於「萬壽宮」，
于民要我寫一首詩，朗誦給大家聽。
我說我是喝紅茶的。
龍井、烏龍，有時也喝，
但總不如紅茶與我的交情深。

我愛祁門，
我也愛立普頓。
如果有人泡了兩杯紅茶，
放在我的面前，
說只許喝其中之一杯，
那我就只好捨立普頓而取祁門了。
何以言之？
蓋因余乃中國人是也。

達爾文與愛因斯坦

進化論者達爾文
有一條長長的尾巴；
而我沒有。

相對論者愛因斯坦說：
他是猴子變的；
然而詩人紀弦
卻是上帝造的。

是的，紀弦說：
我乃上帝的桂冠詩人。
上帝愛我，
我讚美上帝，

即使上帝不愛我了，
我也還是要讚美祂。
何以言之？
蓋因我是上帝造的，
而非猴子變的。

與達爾文同浴

與達爾文同浴，
我看見這位進化論者
有一條尺把長的尾巴，
而我沒有；
他身上毛很多，
而我卻光光的，
大理石雕像一般。

浴罷接受記者訪問：
「你們兩位
何以如此之不同呢？」
我就含笑回答：
「因為他是猴子變的，
而我卻是上帝造的。」

八月五日記事

在四度空間裏，
時間走雙曲線。

何謂雙曲線？八月五日，
來自台中市我的朋友吳慶學問道。

這個嘛，我也並不太懂。
大概就是呈立體狀，
而非平面的吧？

哈哈！他說：既然如此，
那就無所謂古今，
無所謂過去現在與未來了，

是吧？

是的，是的，
我當然可以和陶潛乾杯，
和李白比劍，
和蘇軾合唱一曲大江之東去；
然後摟起個八十八世紀的雜種妞兒來，
跳他一曲七拍子的土風舞。

咦？這就怪了，怪了！他說：
音樂與舞蹈，只有二拍子與三拍子，
那來的什麼七拍子？

此乃本人之發明。此乃本人之創造。
否則，我還算得上是一個
非常之前衛的現代主義者嗎？
說著說著，我就化身為一蟋蟀，

跳進一隻大酒甕子裏去了。

這害得許多小朋友
紛紛打了電話來問老吳：
　後來怎麼樣了？
　蟋蟀叫了沒有？……

「年方九十」後記

二千零三年四月二十七日，我滿九十歲。孩子們為老爸祝壽，大大地熱鬧了一番，自是不在話下。

我早就寫好了一首「九十自壽」，寄去台北，交由詩人陳義芝主編的「聯副」當天發表。他照辦了。在這裏，我應該謝謝他；送給我一份最有價值最有意義的生日禮。相信凡是看到這首詩的朋友，無論誰都會笑個微笑，並打從內心裏說一聲「紀老生日快樂」的。我愛朋友，朋友愛我，像這樣一種「純粹的友誼」，在這個詩壇上，真是多麼的可寶貴啊！也許有二三善妒的低能兒，暗中罵我一句「老而不死謂之賊」的，那就由他去吧！

當然，我更應該感謝的，就是詩人瘂弦：是他，多年前，第一個勸我寫自傳的；是他，一直都在希望我成為一個「人瑞作家」；而也是他，不久前，忽然向我提議，如果再出詩集，書名就用「年方九十」這四個字。說吧！像這樣的關心我，愛護我，能不令人感激得淚下如雨乎？是的，我哭了，當我看完了他的信之後；而哭，那是由於我的淚腺特別發達之故，醫生說。

長達五十萬字的「紀弦回憶錄」，已於二千零一年十二月出版，事實證明，我沒有辜負他的美意。說到回憶錄的問世，我還要向兩位十分重要的朋友鞠三個躬才是：一位是「創世紀三傑」之一的詩人張默，他的功勞最大，當初書稿是由瘂弦帶去台北交給他的，他接手之後，一點一滴，都是他在處理，從向文化局申請撥款，到由「聯合文學」出書，幾乎全是張默一手包辦；另一位是曾任文化局局長的女作家龍應台，承她撥出個人辦公費新台幣四七·○○○元，此書方可印行。而像他們這樣的幫助我，真是多麼的夠朋友！多麼的可感謝啊！

但是瘂弦要我活到一百歲，這一點，我可沒有把握了。再過十年，實在是太長了！不過，我一定不再酗酒，好好地活下去就是了。至於這部新書，包含二十一世紀最初五年的作品一百五十多首在內，名之為「年方九十」，他的提議，我欣然接受了。他出的這個「點子」，真是棒極了！於是我在擦乾了眼淚之後，給他的信上說：「我既然聽了你的，那麼你也得聽我的，那便是：你必須為我的新書作序。否則我會不高興的。」他的回信表示可以聽命，不過壓力太大，有點誠惶誠恐，要我回答他十二個問題，以作為寫序之參考。我就一一給以十分詳細的說明了。

如今，此書即將接洽出版事宜，我不能不交代幾句：過去總是老師嘉獎學生，很少有學生批評老師的。而同時代的晚輩詩人為前輩詩人的詩集作序，那更是從未聽過的事情。但我相信，老大哥的「得失」，唯有小老弟方可「寸心知」，那就始自「二弦」，來他一個破天荒的開風氣之先吧。（二千〇三年八月一日，紀弦記於聖·馬太奧老人公寓之北窗下。）

答瘂弦問

①先生有沒有算過，七十年來您一共寫了幾首詩?出了幾部詩集?

答：我自一九二九年開始寫詩，迄今已寫了一千多首。從前在大陸上已出過幾部詩集，來台後，把它們整理一番，由「現代詩社」出了「摘星的少年」和「飲者詩鈔」厚厚的兩大部；這便是我的編年自選詩之開始，自一九二九至一九四八。接下去，來台後的作品，自一九四九至一九七三，每五年一書，一共出了「檳榔樹」甲、乙、丙、丁、戊五集。以上皆由「現代詩社」出版。一九七六年底，離台赴美。自一九七四至一九八四共十一年的作品，編成一部「晚景」，交由「爾雅」出版，這便是我的自選詩卷之八。卷之九「半島之歌」，收入一九八五至一九九二共八年的作品，由梅新主持的後期「現代詩社」出版。接下去，一九九三至一九九五共三年的自選詩，由「九歌」出版了一部「第十詩集」。而自一九九六至二〇〇〇，二十世紀最後五年的新作，則已交由「書林」出了一部「宇宙詩鈔」。到此為止，我的編年自選詩一共已經出版了十一部。至於詩選之類，在大陸和台灣，已出「紀弦詩選」、「紀弦精品」、「紀弦自選集」、「紀弦詩拔萃」等五六部，那就不必計算在內了。

②能否簡單的說說您的人生觀？

答：所謂人生觀，就是對於人生的看法。有人樂觀，有人悲觀，而我則係「達觀」，一種曠達的人生觀，一切順乎自然，聽其自然，而且看得很淡；富貴於我如浮雲。衣取蔽體，食取果腹，一向不講求物質生活的享受。但我並非重靈輕肉，亦非重肉輕靈，而係靈肉一致。這一點，也可以說是我的「詩精神」之所在。

③能否簡單的說說您的文學觀、詩觀？

答：對於文學與詩的看法，在我的多篇詩論、文學論、藝術論中早就談得清清楚楚的了。而總之，我所堅持的一點，便是一個「純」字：純詩純文學。那些雜文、政論之類不算。作為一個小說家的魯迅，除了代表作「阿Q正傳」和很少的一些短篇小說之外，他寫了太多的雜文，實在不成其為文藝作品，而且是一種時間與精力之浪費，很可惜！至於詩，詩乃「文學之花」，詩乃人生之批評。詩乃經驗之完成。「詩」是少數人的文學，「歌」是大眾化的，詩是詩，歌是歌，「詩」「歌」不分是不可以的，所以我們不說「詩歌」，而關於「抒情」與「主知」，我本來就主張「情緒之放逐」的，後又修正為「主知與抒情並重」了，這一點，圈子裏的朋友們都知道。

④你是怎樣開始寫詩的？說一點你在回憶錄上不曾說過的如何？

答：我在回憶錄上說過的是：寫詩是和初戀同時開始了的。而不曾說過的，有兩點：首先，當我還是一個十六歲的少年時，就已經讀過不少徐志摩、聞一多、朱湘等「新月派」詩人的作品，不能說沒有受到他們的影響，因此，我的那些「少作」，皆為押韻的格律詩。其次，我的那些同學，多半左傾，我也就免不了跟著他們一同「前進」了。所以我的那些「少作」，除了一些情詩，差不多都帶有很明顯的「意識型態」之表現。當然，這兩點形式與內容方面之偏差，日後我都已經糾正了過來。大丈夫事無不可對人言。你既然問了我，我怎能隱瞞呢？你是我的好友，你是我的知己。

⑤能不能舉出十首你平生最滿意的詩（你寫的）？

答：八行小唱（一九三三）、戀人之目（一九三七）、摘星的少年（一九四二）、致詩人（一九四八）、雕刻家（一九五〇）、火葬（一九五五）、狼之獨步（一九六四）、鳥之變奏（一九八三）、動詞的相對論（一九九四）、上帝造了撒旦（二〇〇一）。其實何止十首。但你只要我舉出十首來，我就只好聽你的了。

⑥對台灣詩壇的未來，您有何期許？簡單說說就可以了。

答：希望現有的各詩刊繼續出下去，大家互相尊重，不要抱持門戶之見。我不是早就提出了「大植物園主義」嗎？我要的是萬紫千紅共存共榮，而一個「清一色」的詩壇有什麼意思呢？

⑦對於台灣年輕一代詩人，你有何期許？簡單說說就好。

答：現代主義者認為，從邏輯到秩序，此乃詩的進化，這不錯。但是詩要寫得「自然」一點才好，故意切斷聯想，拋棄主題，那就要不得了。而且人是有個性的：氣質決定風格，題材決定手法，走自己的路，唱自己的歌，這是比一切重要的。

⑧在你的創作生活中，對你影響最大的作家是誰？

答：當然是杜衡啦。二十世紀三十年代，我在上海的交遊是有所選擇的：我經常往來的就是「文壇三劍客」（施蟄存、戴望舒和杜衡）以及其他「第三種人」（葉靈鳳、穆時英等）。至於那些「左翼作家」，我是不同他們打交道的。杜衡另一筆名蘇汶，在當年十分響亮，他就用這兩個字，和魯迅他們打筆戰，提出「人生的寫實主義」，對抗其「社會的寫實主義」；為了爭取「文藝自由」，大戰三百六十回合之餘，編了一部「文藝自由論戰集」，由「現代書局」出版。他說人生是多方面的，對於左翼作家所千篇一律的小說大加嘲笑，說那些主角——鬥爭資本家的工人英雄和鬥爭地主的農民英雄，皆非有血有肉的真人真事，而係基於其意識至上主義假造和幻想了出來的。而對左翼詩人標語口號之作則嗤之以鼻，說那些都是非詩非文藝。他用「事實架空感情虛偽」八個大字打倒了他們。我一生堅持文藝作家創作自由，任何政治或宗教的權力不得加以干預，這證明了我受杜衡影響最大。

⑨在你的創作生活中，對你影響最大的一部書（或多部書）是什麼？

答：戴望舒的「望舒草」。較之李金髮，戴望舒給我的影響更具決定性。我於一口氣讀完了「望舒草」之後，從一九三四年春開始，我的詩風為之一變：我已不再寫格律詩，而專寫自由詩了。寫自由詩和擁護文藝自由，這便是我的「二大堅持」，我把它們帶到台灣來了。你稱我為台灣現代詩的點火人，我當之無愧。

⑩你對詩的未來持何看法？

答：雖說詩是少數人的文學，然而詩是不會死的。隨著時代的進步，科技的發達，詩的題材也愈益豐富了。到了二十一世紀，人類即將進入「太空時代」，日後必將產生許多「新」詩，這是可斷言的。我寫了不少的宇宙詩，這證明了科學乃文藝之友，而非其敵人，雪萊和皮可克他們不懂的。

⑪你寫詩的速度快不快？有什麼特別的創作習慣，心得？

答：我寫詩的速度不快。多想少寫，這便是我的創作習慣。往往一篇草稿放在一邊，想了好多天，還是不能修改完成。白天也想，夜間也想，偶然夢中得句，起而筆之，也是常有的事。但那只是「部分」，而非「全體」。說到心得，倒是與眾不同的。例如「月光曲」（見詩拔萃頁二二二二），本來很長，修改了好多次，好多年，還是不能滿意。最後，只保存原先的兩句，升起於鍵盤上的月亮，做了暗室裏的燈，來他一個「不完成」的存在，這不也是一種「完成」嗎？此外，還有一首「杜鵑」（見詩拔萃頁八九）和一首「玩芭比的小女孩」（見詩拔萃頁二三二），也是同樣的情形。

⑫說說你一直可以保持旺盛的生命力和詩的創作力的奧秘好嗎？這本詩集「年方九十」對你的創作生活有無特別意義？

答：我一直保持旺盛的生命力和詩的創作力，其實並沒有什麼奧秘。不過，我這個人，就是為詩而活著，並將為詩而死去，這一點，我是很自覺的，這也許可以說是一種「宗教的情操」吧。至於這部詩集，我聽了你的話，名之為「年方九十」，對於我的創作生活，的確具有很特別的意義。那便是：證明我的詩路歷程尚未到達終點，還有很長的一段路，必須好好地走下去。

附錄一：

27 年前，三毛給紀弦的一封信

吳慶學

一九八一年，那時我常看三毛的書，從他的一些散文中，感到了幾分詩意，我的直覺是：她應該會喜歡紀弦的詩作。而我承紀弦先生厚愛，手中正好有一套已經絕版的紀弦詩集（飲者詩鈔、摘星的少年及檳榔樹甲——戊集，共七本），於是我將之寄給了三毛——沒有署名，只有地址。

過了一段時間，我已忘了此事。有天，家姐正在整理房間，丟了一堆垃圾；姐姐看到我，隨口說了一句：「奇怪，皇冠出版社寄給紀弦的信，怎麼寄到我們這兒來了？」我吃了一驚，問：「在哪兒？」——就這樣，三毛給紀弦的這封信，就是這麼巧的，教我給從垃圾桶中救了出來。

原來三毛以為紀弦的詩作是作者本人寄給她的。我將此事跟紀弦生生報告，他立即交待我寄幾本三毛的作品給他看看，以增加對三毛的了解。過了幾年，三毛自盡了，紀弦先生還寫了封信給我，表示惋惜。

至於三毛究竟跟紀弦說了些什麼，就請讀者自己看吧。

紀弦先生：

今夜回來，收到您的七本詩集。簡直不能相信自己的眼睛，這些珍寶如何能被平凡的我所得到。是您本人送我的嗎？是您嗎？

你沒有留下一句話在包裹中，可是您又對我說了多少盡在不言中的關愛。

從我的少年時代開始，我便深愛看詩。舊詩愛，新詩也愛，在那一段幾乎沒有顏色的少女時代裡，您的詩，也是我生活中十分珍愛的精神享受。

二十年過去了，我已步入中年，今日捧著您的詩集，仍不能相信，實在不能明白，何以您送了我這份人間的大禮。可以說，是回台北以來，最最快樂的事情了。

紀弦先生，我的筆拙，心中的激蕩，感謝，和一些其它在我思緒中的東西，都無法表達出來。我不敢寄自己寫的書給您，在您的面前，我是自卑的。這是我的秘密，因您如此對待我，便誠實的說了出來，總覺得自己太俗太淺，送書給我敬愛的人，便是不敢而心慌。您對待我的情誼，已不是一個謝字便能算數了的，永遠記在心中，常常感恩，懷念，等我回到大西洋的島上去時，細細再讀您的詩。感謝！

晚[redacted]三毛敬上

皇冠
CROWN

9月6日1981年
台北

紀弦先生：

今夜回來，收到您的七本詩集，簡直不能相信自己的眼睛，這些詩寶如何能被平凡的我所得到。是您本人送我的嗎？是您嗎？

您沒有留下一句話在書中，可是您已對我說了多少盡在不言中的關愛。

從我的少年時代開始，我便深愛看詩。舊詩愛，新詩也愛，在那一段幾乎沒有顏色的少女時代裡，您的詩，也是我生活中十分珍愛的精神享受。

二十年過去了，我已步入中年，今日捧著您的詩集，仍不能相信，竟然不能明白，何以您送了我這份人間的大禮。可以說，是回台以來，最最快樂的事情了。

紀弦先生，我的筆拙，心中的激情，感謝和一些其它性質思緒中的東西，都無法表達出來。我不敢寄自己的書給您，在您的面前，我是自卑的，這是我的秘密，因您如此對待我，便誠實的說了出來，總覺得自己太俗太淺，送書給我敬愛的人，便是不敢的心情。您對待我的情意，也不是一個謝字便能算數了的，永遠記在心中，常常感恩，懷念，等我回到大西洋的島上去時，細細再讀您的詩。感謝！

晚輩
三毛敬上

附錄二：

我的文學情人

吳慶學

我念大學時，有很長的一段時間，心中一直盤旋著一股「想飛」的念頭，內心也有種想飛而不能飛的苦悶。我嘗試著以「相對」之哲學觀點，來看待宇宙間之大小、多少、高低等，來告訴自己：大宇宙跟小宇宙其實都差不多，能飛的世界與不能飛的世界，也差不了多少。這些觀點，是看了吳稚暉的「上下古今談」及莊子之後，得到的認識。但是，我內心的苦悶，還是存在著的——我還是想飛。

我開始懷疑自己：你是不是「有病」啊？為什麼學校的同學，看電影的看電影、談戀愛的談戀愛，就你一個人想飛——而又飛不起來！唉！

有一天，我帶著這樣一顆多少感到疲憊的心，在淡水鎮的街上散步；經過一家書店，隨手翻看一些書籍，忽然在中國當代十大詩人選集中，看到一首詩：

四月之月

四月之月是淡淡的檸檬黃色的。
不曉得阿姆斯壯那永恒的腳印消失了沒有？
什麼時候讓我到木星上去玩他一趟才好？
可是四十年後光速的宇宙船都不停小站的。
那就買他一張仙女座大星雲的來回票怎麼樣？
從一個銀河系到一個銀河系——
冰凍了的百齡老人還有的是遊興哩，
而今天，我滿六十歲，皎皎的月光下，
讓我放一個誓言在高腳杯中：我要飛！

——紀弦一九七三年作品——

啊，我是正常的，他也想飛！而且，「想飛」的世界還可以這麼的美啊！

「山窮水盡疑無路，柳暗花明又一村。」從那之後，我很自然的進入了紀弦詩的世界，一個深度與廣度皆非生存於以長、廣、高構成的三度空間的凡夫俗子所能想像的至極美妙的新世界。

＊　＊　＊

紀弦說：「詩是幻想，也是真實。」又說：「真正的詩人，必具有英雄的氣慨；而真正的英雄，也必具有詩人的氣質。」謹舉二首紀弦名作，與君共賞。

狼之獨步

我乃曠野裏獨來獨往的一匹狼。
不是先知，沒有半個字的嘆息。
而恆以數聲淒厲已極的長嗥。
搖撼彼空無一物之天地，
使天地戰慄如同發了瘧疾；
並刮起涼風颯颯的，颯颯颯颯颯的：
這就是一種過癮。

——一九六四年作品——

脫襪吟

何其臭的襪子，
何其臭的腳，
這是流浪人的襪子，
流浪人的腳。

沒有家，
也沒有親人，
家呀，親人呀，
何其生疏的東西呀！

——一九三四年作品——

我與紀弦在淡水小鎮書店邂逅，又驚又喜，又叫又跳；後來知悉他的作品已經絕版，就到台北市南海路國立中央圖書館借閱（今名為國家圖書館，館址為台北市中山南路二十號），並一個字、一個字的手抄其一首又一首的佳作，這是我人生中，美妙而難忘的一段青春。

有一天，我竟見到了紀弦，我請求他，想拜他為師，誰知他竟一言不發，掉頭就走了，我心裏好難過、好難過……忽然醒了過來，只見四週一片漆黑——午夜的我，在南海路租來的小屋裏。

我決定設法與紀弦聯絡。經聯副總編瘂弦先生之協助，將我之信函轉給了美國的紀弦先生。很驚喜的，他不僅回信與我筆談，並慨允惠贈了他的全套絕版作品，這「人間的大禮」（三毛語）竟為平凡的我所得，豈不是我生命中絕妙的大恩賜！

近三十年來，我無論在美、在台，總是隨身有紀弦作品相伴，也隨時盡力不錯過他的新作。一九九五年暑假，我帶了我的女友秀櫻去三藩市附近的San Mateo拜訪紀弦先生，紀弦盛情接待我們，不僅送了我北京新出版的「紀弦詩選」，還為我們朗誦了他的二首「贈內詩」（其一名為「黃金的四行詩」），精采極了。秀櫻對我們這樣的忘年之交，也深為感動；暑假後，我們就結婚了。而我們的姻緣，不也因此而帶了些美妙的詩意嗎？

而無論是讀紀弦新作或是重溫其舊作，都是我在這五濁惡世中，洗滌心靈的莫大享受。每收到紀弦先生分享其新作時，再多的煩惱、不快，也都因此而一掃陰霾，心情為之一快，有時更舉杯陶然而自樂。

紀弦的詩，開了我的心眼，進入了紀弦詩的世界，每每也就跳出了人類的框框，來欣賞陸與海的眾生；而有時或又忽而成為一隻「翱翔乎空間N度的絕對自由之鳥」了（紀弦詩句）。紀弦詩之所以豐富了我的生命，使我的生活更有意義，即在此。

有這麼美妙的文學情人，豈不是人生一大快意事嗎？故為之記。